두 얼굴의 바다

두 얼굴의 바다

김종화 수필집

새미

머리말

글을 쓴다는 것은 쉬운 일이 아니다. 그것도 오래된 젊은 시절의 추억을. 그러나 삶의 현장에서 글을 읽고 쓰는, 그리고 가르치는 직업을 갖다 보니 자연스럽게 기억을 되살리게 된다. 그것도 칠순을 넘기면서 조용한 용당골, 배산임수에 자리한 연구실에서 더욱 그렇다.

거기에 '줄탁동시'처럼 주변에서 부추기는 사람들이 있었으니 알에서 깨어나는 행운을 얻었다. 그래서 제2의 인생에서 좋은 글을 심겠다는 '이경인생 반종필화二頃人生 半種筆花'의 각오로 용기를 내었다. 그래도 글재주가 없으니 수필이라기보다 내 인생 고백서가 될 것 같아 많이 망설였다.

여기 『두 얼굴의 바다』는 현장 경험을 바탕으로 쓴 바다의 이야기가 많다. 어디 바다에서만 두 얼굴이 있겠는가? 세상만사가 그렇듯이, 긴 인생 여정을 살다 보면 두 얼굴의 모습을 갖기 마련이다. 겉으로 보면 삶의 모습이 대동소이할 수도 있겠지만, 돌이켜 보면 특이한 경험일 수도 있는 일들이기에 조심스럽게 끄집어내어 보았다.

제1부에서 제3부까지는 겁 없는 젊은 시절, 이 바다 저 바다 생활에서 경험한 진면목을 느낀 그대로 선보였다. 제4부는 바다를 관찰하고 연구한 자로서 하고 싶은 이야기, 마지막 제5부에서는 인생 여정의 이모저모를 털어놓았다.

이 수필집을 내면서 만난 사람들의 이야기를 혹 바르게 나타내지 못한 점이 있다면 양해해 주시길 바란다.

끝으로 출판하기까지 도움을 주신 정음사와 흔쾌히 출판해 주신 국학자료원새미(주) 및 교정 작업 등 도움을 주신 모든 분께 감사드리며, 그간 옆에서 지켜본 가족들에게도 이 책을 드린다.

2025년 여름 어느 날에

드래곤 밸리의 용당캠퍼스 8관 연구실에서

차례

제2부
아프리카 어장은 전쟁 중

제3부
난공불락의 신 어장개척

제4부
두 얼굴의 바다

제5부
풀솜할아버지

제1부
바다와 배와 태풍과 선원들

☸ 바다의 사나이가 되다

'바다는 넓은 곳, 젊은이 나라~'를 노래하며 어린 넋 불태워 전 공기술을 배운 후, 북태평양 어장으로 출어하는 '살비아호(Salvia, 2,284톤)'의 항해사로 처음 승선하게 되었다. 파도 밭에 도전장을 던 진 것이다. 70년대 중반을 넘어선 봄이었다. 이 해역은 북태평양에서도 비교적 해상 상태가 양호하고 어획이 풍부한 캄차카 어장이다. 당시 한국 대형 원양어선이 삼사십 척 정도 출어하여 비교적 파고가 낮은 사흘, 나흘 정도 어획하고, 이틀 정도는 거대한 파도를 맞으며 저속으로 견디면서 피항을 하는 곳이다.

그러나 소련(지금의 러시아) 영해로 입항할 수 없는 시대 상황 때문에 늘 긴장하며 어로 조업을 한다. 이렇게 반복하여 어창이 만선 되면 다시 부산항으로 돌아오게 된다. 선박마다 어창 크기와 어획 능력, 계절에 따라서 다르지만, 보통 25~40일 만에 입항하므로 '한 항차'를 마무리하게 된다.

살비아호는 NY항해주식회사가 운영하는 3척 중 하나다. 다른 두 척의 선명도 역시 '달리아', '코스모스' 라는 꽃 이름을 달고 다닌다. 당시 북태평양에 출어하는 선명들은 바다 개척의 뜻을 가진 '개척호'나, 심지어 '금강산'처럼 우리 강산의 일부분을 표시하는 이름들이 많았다.

우리 회사 배는 하필이면 꽃 이름을 붙였으니 어리둥절하였다. 그러나 고기는 동급 선박에 비해 잘 잡았고 선원들의 보수도 좋았다. 꽃의 향기가 나비처럼 사뿐사뿐 날아가 물밑 고기를 잘 유혹할 수 있다는 의미였는지도 모른다. 그래서인지 들뜬 기분으로 꽃의 벌처럼 가뿐히 올라탔다.

"출항 15분 전, 본선은 곧 출항합니다. 전 승무원은 맡은 부서에 정위치하고, 외부 손님께서는 즉시 하선하여 주시기 바랍니다. 다시 한번 알립니다…" 출항 전 브리지에서 3등 항해사가 알리는 안내 방송이다. 이미 하루 전에 선명船名의 국제 호출 신호와 출항기 'P' 깃발을 브리지 최상단 마스트(돛대)에 높이 올려놓는다. 본선은 24시간 내 출항 예정이니 출항에 필요한 모든 준비를 마치도록 예고하는 표시이다.

출항 시, 전 선원들은 자신의 맡은 위치에서 출항 준비를 마치고 대기하면, 그때 Y 선장은 브리지에 올라와서 선수와 선미에 배치된 출항 스탠바이 상황을 확인하고 "올라인, 렛고!"를 명령하는 것이다. 전령인 3등 항해사가 복창하고 마이크로 전 선내에 알린다.

그러면 부두에 매달린 로프를 모두 풀어서 던지고, 현측舷側에 접선해 있던 예인선이 배를 끌어당겨 부두에서 이안離岸시킨다. 동시에 기관 작동을 적절하게 명령하고 선박의 출항을 알리는 기적을 울린다. 출항 자세로 항로에 진입하면 선속船速을 올리며 움직인다. 주변의 선박 동향을 예의 주시하면서.

부산항 북항 방파제를 지나 오륙도를 왼쪽으로 바라보며 눈인사할 틈도 없이 미끄러지듯 부산 앞바다를 빠져나간다. 대마도를 거쳐 동해 바다로 진입하고, 북동쪽으로 뱃머리를 돌려 일본의 서쪽 연안을 따라 항해한 후, 쓰가루 해협(일본 혼슈와 홋카이도 사이의 해협)의 해류를 가르며 달린다.

그 해협은 물살이 세고 홋카이도를 오가는 여객선과 조업하는 작은 어선들이 많았다. 항로에서의 어로 조업은 위험할뿐더러 불법이다. 그 작은 어선들은 접근하는 우리 배를 보고 놀라며 메뚜기처럼 튀어서 충돌을 피하여 달아난다.

해협을 무사히 통과하여 항해를 계속하고 홋카이도와 쿠릴열도를 왼쪽으로 바라보며 북상한다. 그리하여 엿새 정도 걸려서 소련의 캄차카반도로부터 12해리(약 22km) 떨어진 동남쪽 대륙사면의 어장에 도착하게 된다. 날씨는 쌀쌀하였지만, 해상상태는 비교적 양호하였고 봄기운이 이곳에도 돋고 있다.

선내 방송이 울린다. "30분 후에 어장에서 투망投網할 예정이니, 갑판 부원들은 투망 준비를 완료하고 각자의 위치에서 대기 바랍니다." 이때, 선장과 항해사는 브리지에서 어장도를 보며 어탐기의 기록을 훑어보고 주변의 한국 어선을 선박 무선 호출기 SSB로 부르면서 어획 상황을 청취한다. 어장의 종합적인 판단을 하고 선박을 미속微速으로 운항하여 투망할 장소를 선정한다.

"렛고!"라는 방송과 함께 준비된 거대한 길이의 그물은 '끝자루 codend'부터 선미의 스립웨이(경사진 곳)를 통하여 바다에 던져진다. 투망이 시작된 것이다. 갑판 바닥을 썰며 요란하게 퉁탕거려서 몇 단계를 거쳐 그물이 모두 바다로 들어간다. 이때 갑판의 좌, 우측에 배치된 갑판원들이 투망이 잘 되도록 신속하게 거들어 준다.

그물이 모두 던져지면, 해저에서 잘 펼쳐지는 역할을 하는 '전개판otterboard'을 조심스럽게 해수면 아래로 밀어 내린다. 이 넓적한 철판 덩어리는 물에 그대로 꽂히며 가라앉듯 스며든다. 이어서 그물을 끄는 굵은 로프의 끝줄에 연결하고 전개판이 잘 내려가 전개되었는지를 살핀다. 좌우 두 개의 전개판은 마치 대형가오리가 헤엄치듯 물속에서 펄럭인다.

마지막으로 어탐기에 나타난 수심의 깊이에 따라 끝줄의 길이를 정하여 윈치맨(윈치조종자)에게 알려준다. 윈치 드럼에서 천천히 풀어 끝줄의 길이만큼 내보내어 고정하면 그물은 해저 바닥에 가라앉으며 바닥층을 끄는 예망曳網이 시작되는 것이다.

그러면 그물은 거대한 아가미처럼 펼쳐지며 해저 바닥의 고기를 숨을 쉬듯 흡입한다. 고기들은 거대한 그물의 지옥문을 모른 채 빨려 들어간다.

선내업무가 가장 바쁘고 위험하게 돌아가는 긴장 속에서 마무리되었다. 예망 시간은 그물에 들어가는 어획량의 대소와 어장 수심, 해양의 상태에 따라 다르지만, 투망하여 양망揚網하는 시간은 보통 3시간 전후가 된다.

첫 항차는 어로작업과 항해술의 실습을 겸한 실습항해사가 되어, 하루에 브리지 당직 4시간씩 두 번 교대하여 근무한 후, 바로 처리실에 내려가서 선원들과 어획된 명태를 같은 크기별로 팬에 담는 '다데' 작업을 한다. 일본말로 가지런히 세운다는 뜻일 것이다. 처리실에 3~4시간 작업하고 나면 하루에 12시간 정도 흔들리는 배에서 서 있게 된다. 그래서인지 한 항차를 마칠 때쯤에는 무릎이 약간 붓고 아픔을 느꼈다.

따뜻한 봄날이 한창 무르익으면서 해상의 파랑은 낮아지고 어획물을 10만 팬(약 1,500톤) 정도 선적하면 만선으로 어창을 가득 채운다. 그러면 살비아호는 휘파람을 불며 어장을 떠나 찰랑대는 바다의 물결을 타고 부산항 정박부두에 안착하는 것이다.

부두 접안과 동시에 선장은 모두에게 정중한 인사를 받으며 조용히 사라지고, 초사(超士, 수석 1등 항해사)는 선박의 다음 항차 출입항 업무를 위해 회사로 출근한다. 부두에서 어획물 하역 작업이 시작되면 나머지 항해사들은 하루에 한 명씩 일일 정박 당직으로 하역을 감독한다. 그래서 부두의 정박 당직은 차석 1등 항해사, 2등 항해사, 선임 3등 항해사와 처음 탄 실습 3등 항해사의 몫이 된다.

하역 작업의 당직을 처음 섰을 때의 일이다. 〈천우사〉라고 새긴 노란 완장을 차고 부둣가와 우리 배를 오르내리는 사람이 두 명 정도 나타났다. 누군지 몰라서 선박 출입을 막았더니, "처음 탄 항해산가?" 하면서 반말을 한다. 그들은 부두의 하역을 안전하게 할 수 있도록 외부세력의 방해나 침입을 막아주는 보안 담당자들이라며 선배 항해사가 귀띔해 주었다. 얼핏 이해가 되질 않았지만, 그냥 넘어갔다.

하역을 다 마치니 그들은 하역 중 생긴 파지 명태(상품이 되지 않는 찢어진 것)를 그들의 몫인 양 모두 가져가 버렸다. 몇 톤은 되어 보인다. 알고 보니 그들은 부둣가에서 이런 평계로 일을 하며 생활하는 부산의 깡패 조직이었다.

이렇게 하여 난생처음으로 바다에서 고기를 잡아 상품으로 만들어서 하역 작업까지 해보았으니 드디어 '바다의 사나이'가 된 기분이 들었다. 파도 밭에서 얻은 어획물을 모두 팔았으니 긴장과 들뜬 기분이 교차하면서 첫 항차는 이렇게 마무리된 것이다.

⚓ 화양월화와 같은 한 철

출항 준비를 하고 두 번째 항차가 시작되니 여름철에 접어들었다. 이번에도 초사와 함께 브리지 당직을 오후와 새벽 시간에 서지만, 처리실은 자주 가지 않고 한 번씩 가도록 배려해 주었다. 이제 실습 항해사에서 '실습'이 떨어진 3등 항해사가 된 것이다.

어장으로 향하면서 브리지 근무에서는 일본에서 유행하는 가요를 틀고 흥얼거리며 초사와 즐겁게 당직을 선 것이다. 일본에서 선박을 건조할 때 함께 실려 온 노래 테이프 때문이다. 그때 들었던 노래 가운데 기억나는 것은 '나가사키와 교모 아메닷다'라는 유행가였다. 번역하면 '나가사키는 오늘도 비가 내렸다.'라는 뜻이다. 그 외 초사는 선박 생활에 관한 여러 가지 경험을 들려주고, 자신이 자주 가는 친한 다방 마담에 대해서도 재미있다는 듯이 말해 주곤 했다. 그는 선한 사람으로 진주가 고향인 4년 선배였다.

여름철 북태평양은 너울이 넘실대다가도 안개가 자욱한 조용한 바다로 변하였다. 그러니 명태들은 따뜻한 수온을 싫어하여 어디론가 깊은 찬물 속으로 사라진다. 이런 시기는 명태의 생태 리 듬인 하루의 주기성을 이용하여, 야간에 표층에 떠 있다가 새벽 해뜨기 직전 저층으로 회유할 때 그물을 투망하여 그날의 첫 어획 을 시작한다. 끝자루에 가득 채워져 갑판에 올라온 고기들, 역시 '물 반 고기 반'의 캄차카 어장이다. 어황이 좋지 않은 비수기에 접 어들었지만, 선장은 유능한 어로장으로 다년간 경험한 탓에 두 번 째 항차도 만선으로 귀항하였다.

첫 항차 보합금을 받으니 17만 원이나 되었다. 급여는 짓가림 제(보합금 정산제도) 형태로, 실습을 겸했으니 말단 선원들처럼 0.5인 분이었다. 그래도 당시 교사 초봉이 3~4만 원 정도이니, 4배 정도 는 되는 셈이다. 하기야 해상에서 그것도 파도 밭에서 좁은 선박 생활을 감내하며 당직 시간 내내 8시간 이상 서서 근무하였으니, 사실상 24시간 근무나 마찬가지인 것을 고려하면 그리 많은 것도 아니다. 그래도 타 선박과 비교하면 선내 분위기가 좋아서 근무하 기가 수월했다.

들리는 말에 의하면, 선장은 한 항차마다 007가방에 가득 채운 현금을 보합금으로 챙겨간다고 한다. 대부분 선박이 일 년에 5~6 항차 조업을 하므로 2~3년 정도 선장을 하고 나면 하선한다고 한다. 70년대 중반만 해도 선장은 한 항차 마치면 부산 대연동에 있는 주택을 한 채 살 수 있는 돈을 받았다고 한다. 그래서 삼십 대 초·중반에 하선하니 너무 젊어서 다른 선박의 선장이나 새로운 직업을 찾는 것이다.

여름철 비수기가 되면 선박은 정기 수리에 들어간다. 짬을 내어 차석 1등 항해사와 함께 양산 통도사에 놀러 간 것이 좋은 추억의 갈피를 만들어 주었다. 대학 때 학보사 기자를 하였다는 그 선배는 지금 어디에 계신지 궁금하다.

선박이 정기 수리를 하는 동안 선장은 교체되었다. 새로 부임한 L 선장은 우리 회사 '달리아호'의 선장으로 재직 중 회사의 지시를 따르다 불미스러운 일로 관련 관청에서 선장의 직무를 정지 당하여 하선하였다. 2년 넘게 회사에서 과장으로 근무한 후 '살비아호' Y 선장이 하선하자 후임으로 승선한 것이다. 그때 우리 초사는 '내가 선장할 차롄데….' 하면서 불만 섞인 이야기를 듣기도 했다. 이제 선박의 정기 수리를 마치고 다시 출항 준비가 완료되었다.

아무튼, 돌이켜 보니 그 당시 매우 짧은 승선 생활을 맛보았지만, 학교의 교실이나 실습선에서 배우지 못한 실무 조업 과정을 어느 정도 익히게 되어 기뻤다. 물론 멀미도 하지 않았고 사관 식당에 제공하는 음식은 아침에 먹기 편한 죽과 **빵** 등이고 점심은 쇠고기나 닭고기 찜으로 푸짐하게 차려졌다. 하숙집에서 먹던 것과는 완전히 달랐다.

　무엇보다도 좋은 선배 항해사들과 함께하고 승선하며 난생처음 바다의 사나이로서 첫 급여를 받아 보았으니, 그때가 가장 좋았던 시기라고 말할 수 있다. 굳이 말하자면 화양연화(꽃같이 좋은 시절)는 아니라도 화양월화(화양연화를 변용한 말)와 같은 몇 달의 짧은 한 철이었다는 생각에 꽃 같은 좋은 그리움으로 남는다.

☸ 조종 불능선, '살비아호'

세 번째 항차를 시작하는 10월 말 어느 날, 살비아호는 새로 승선한 L 선장님의 지휘하에 승무원 57명을 태우고 선박에 필요한 각종 선용품을 실은 후 뱃고동을 울리며 부산항 용당 부두에서 출항하였다. 전 항차와 같이 캄차카 어장에 도착하여 조업한 지 일주일이 넘었다.

이제 명태의 낮과 밤의 일일 회유 주기도 알게 되었고, 캄차카 어장의 해저 지형도 익숙하여져 울퉁불퉁한 곳, 절벽과 같은 곳을 조심스럽게 예망 속도를 조절하며 명태와의 숨바꼭질에 익숙해져 갔다.

운명의 그날이다. 여태껏 조업하던 대로, 새벽 4시 30분쯤 투망하여 예망을 마치고 7시쯤 양망을 시작하였다. 양망이 시작되면 투망과 반대순으로 브리지에서는 그물의 양망 단계별로 선체 속도를 낮추기 위해 기관의 프로펠러 스크루propeller screw의 피치(프로펠러가 1회전 하는 동안에 나아가는 거리) 각도를 조절한다. 마지막 양망 단계로 어획물이 가득한 '끝자루'가 물 위로 뜨고 선미에서 올라오기 시작하면 피치를 '제로'로 하여 선체를 정지시킨다. 그러면 양망이 완료되고 갑판의 어획물은 아래층의 어획 처리실로 내려져 냉동용 팬으로 담아서 냉동 어창에 입고한다.

그날도 올라오는 선미의 그물을 응시하면서 양망을 하고 있었다. 그런데 스크루에서 탁한 소리가 났고 동시에 연통에서 시커멓게 불룩한 연기가 솟아올랐다. 기관의 프로펠러 회전(RPM)도 '제로'로 정지하고 말았다. 순간, 가슴이 철렁 내려앉았다. 갑판의 양옆 연통에서 기관실로 통하는 출입문으로 당직 기관사가 놀라며 갑판으로 올라와 브리지를 쳐다본다. 모든 것이 정지되었다. 그러자 선장이 브리지로 황급히 올라왔다. 갑판으로 올라와야 할 끝자루 그물의 끝부분이 스크루에 감긴 것이다. 이미 올라온 그물은 잘라내어 양 현측 갑판에 쌓아놓고 사고 수습에 들어갔다.

다행히 하급선원 중에 해병대 출신으로 잠수 경험이 있는 선원이 둘 있었다. 비상상황이라 이들에게 후한 포상금을 주겠노라 약속하고, 우선 선박에 비치된 잠수복을 입히고 첫 번째 잠수원으로 정한 선원부터 선미에서 내린 줄사다리를 타고 입수하였다. 갑판에서는 산소 공급기로 잠수원과 연결된 산소 호스에 공기를 계속 불어 넣었다.

입수한 지 3분도 채 되지 않아 수면으로 올라왔다. 해수면 온도는 이미 11월이 되었으니 영하로 내려가 해수가 차가웠고 잔잔한 파도가 선저 외판을 찰싹거리며 배를 흔들어 대고 있었다. 몸을 가누기조차 어려워서 스크루에 감긴 그물 상태만 확인하고 올라온 것이다.

교대로 두 번째 잠수원이 칼과 작두 같은 기구를 허리에 차고 들어갔다. 역시 너울과 차가운 수온으로 그물 제거 작업을 할 수 있는 상황이 아니었다. 이제 우리 배는 어로작업은커녕 더 이상 우리의 자력으로 항해 불가능한 상태로 되어버렸다. 조종 불능선이 된 것이다.

긴급하게 회사에 타전하여 구조 예인선과 특수 잠수부를 요청하였다. 그러는 동안 남동풍이 불어 선체는 바람에 밀려 표류하기 시작했고 캄차카 연안으로 접근 중이다. 브리지에서는 평상시와 같이 하루에 3교대로 4시간씩 브리지 당직을 서며, 레이더를 돌리고 해도에 우리 선박 위치를 표시하여 표류하는 궤적을 로그북(선박의 운항 일지)에 기록하고 있었다.

하루 이틀 지나면서 영해 안으로 진입하게 되었다. 그런데 우리와 수교하지 않은 소련 연안으로 진입하니 걱정은 이루 말할 수 없다. 다른 어선들은 우리를 염려하면서도 제각각 어로작업에 여념이 없는 눈치다. 우리와도 점점 거리가 멀어져 갔다.

이 같은 긴급한 상황에서 선박의 기관을 사용할 수 없고, 소련 연안으로 진입하는 불안함 등으로 속수무책이니 우리 배는 그야말로 일엽편주一葉片舟가 되었다. 사람은 누구나 살아가는 동안 두세 번의 고비가 있기 마련이라고 말을 하지만, 이때가 나에겐 첫 고비의 시작이 아닌가 하는 생각이 들었다.

그런데 사흘쯤 지나니 바람 방향이 돌아서 반대 방향으로 변하여 불기 시작하여 북서풍으로 바뀌었고, 캄차카반도와 다시 멀어지기 시작하였다. 하늘이 도운 것일까? 일단 영해를 벗어나 캄차카반도의 외해로 표류하였다. 그동안 소련의 어떤 행동도 없었다.

우리 배는, 레이더로 물표를 찍어서 선위를 낼 수 없는 데까지 V 표시하며, 남동 방향의 난바다 쪽으로 밀려가고 있었다. 계속 밀려가니 레이더 영상에서는 캄차카 연안 물표가 잡히지 않았고, 표류 속도를 고려하여 추측위치를 해도에 표시하기 시작하였다.

이제 선위를 모르니 우리 배는 적막강산寂寞江山과 같은 바다의 늪으로 들어선 것이다. 어디로 표류하든지 오로지 해상상태가 계속 좋아지고 구조선이 빨리 오기만을 기다릴 수밖에 없었다.

☸ "침몰 직전 '살비아호'를 구출하라"

표류한 지 며칠이 지났을까? 표류선이 어장에서 멀어진 지 오래고, 근처를 지나가는 다른 선박은 보이지 않는다. 그러는 사이 그해 22번째 태풍 '루이스'가 저기압으로 변하여 소멸하였다.

동시에 23번째 태풍 '마지'가 발생하여 점점 세력을 키우고 뱀처럼 똬리를 틀어 타이완 동쪽 해상까지 근접하다가, 우회전으로 돌아서 일본 도쿄 외해까지 접근하였다. 그러더니 북동진 방향으로 빙 돌아서 우리를 쳐다보고 있었다.

브리지 당직자들은 일본 기상청에서 6시간마다 발표하는 태풍의 정보를 기상 팩시밀리에서 받아 그 크기와 진로를 예의주시하였다. 바다의 불청객은 우리를 노려보기 시작했다. 이제 우리와 만나는 것은 시간문제였다.

그물이 스크루에 감긴 사고를 해결하지 못하니 이제 더 큰 사고를 당할 것 같아 매우 불안하였다. 작은 실수로 인해 사고가 일어났고 해결 능력이 없으면 더 큰 사고의 원인이 되어 돌이킬 수 없는 큰 사고를 만난다는 소위 재난 발생의 '피라미드 법칙'을 상기시켜 주었다.

우리의 조종 불능선 일엽편주는 온대성 저기압이 존재하는 북위 40도에서 60도 사이에 놓였다. 지난 100년간의 해상 파고가 평균 12~20m를 넘나드는 일명 '파도 밭'에서 표류하며 허우적거리게 된 것이다. 그러니, 태풍의 쇠약기에 접어들면서 이 해역을 진입하여 일생을 마치는, 소위 '태풍의 무덤'에서 우리는 기진맥진하여 드러누운 꼴이 된 것이다.

마치 산의 높드리에서 계곡을 따라 산골짜기로 떨어지는 둥근 타원형의 커다란 돌(태풍)이 굴러 빠른 속도로 위력을 발휘하여 아래쪽으로 떨어진다면, 골짜기를 서성거리는 사람은 어떻게 되겠는가?

이제 태풍의 길목을 예고하는 큰 너울성 파도가 뱃전을 지나가기 시작했다. 이런 바다의 현상은 태풍의 진로 방향에 우리 배가 있음을 암시하는 징조이다. 엎친 데 덮친 격으로, 한국 해경에 구조 요청한 전보의 회신은, '외국에 나가 구조할 예인선이 한 척도 없어 직접 구조능력이 없다.'라는 통보였다.

어쩌면 한국에서 일본을 지나 캄차카반도까지는 그렇게 먼 곳도 아닌 데 구조할 선박이 없다니 당시 우리나라의 해양 구조능력이 매우 미약하였음을 보여준 것이다.

이미 브리지의 기압은 매시간 가파르게 뚝뚝 떨어지기 시작했고, 우리는 위기 상황을 자각하여 선박의 모든 이동성 구조물을 단단히 고박固縛하기에 정신이 없었다. 태풍의 접근 소식을 들은 선원들은 식사 모임을 알리는 데 사용하는 선원 식당의 종을 수시로 '땡그랑' 쳐대며, 모여서 대책을 의논하고 있었다. 그들 중에는 대학을 나온 사람들도 있었다.

새파란 초년의 젊은 항해사는 어떻게 하라는 말도 할 수 없고 그저 저들이 무엇을 하는지를 살필 뿐이다. 그렇게 위용이 당당하던 선장 이하 모든 사관도 아무런 대책이 없었다. 회사에서 구조할 만한 뾰족한 대책을 보여주지 못하였으니 선원들은 자주 모였고, 의논한 끝에 청와대에 구조요청 전보를 보내야 한다는 결론을 낸 것이다. 지금이야 대통령 이름을 예사로 부르지만, 당시에는 감히 청와대에 메시지를 보낸다는 것은 생각지도 못한 일이다.

그들은 행동에 돌입했다. 우선 통신장에게 전문을 보내도록 요청하니 선장의 결재를 받아오라고 한다. 그러나 선장은 이 요청을 바로 거절하였다. 이번에는 통신장에게 신변의 위협을 가할 정도로 강력하게 요구하며 통신장의 결단을 촉구하였다. 통신장은 위협 상황을 모면하기 위해 전보를 치겠다고 대답할 수밖에 없었다. 그리고 선원들은 혹시 통신키를 엉터리로 쳐 흉내만 낼까 봐 군대에서 통신병으로 근무한 선원에게 감시하게 하고 지켜보았다. 이렇게 해서 선내 질서는 무너지고 험악한 분위기에서 두세 번 정도 청와대에 전보를 보낸 것으로 기억한다.

당시 『매일경제신문』 11월 19일 자에 다음과 같은 기사가 실렸다.

「북태평양 출어 중 살비아호 표류」
"남양사 소속 원양어선 살비아호 (선장 이재*, 39)가 지난 13일 상오 7시쯤 「캄차카」 근해의 북위 49도 동경 1백58도 해상에서 57명의 선원과 함께 표류 중이라고 지난 17일 밤 해경에 긴급구조를 요청해 왔다. 「살비아호」는 '스크루'에 그물이 감겨 자체 항해 능력을 잃고 소련 영해 쪽으로 표류하고 있다고 타전해 왔다. 해경은 일본 해상보안청에 구조를 요청, 순시선 및 예인선 등 2척의 구조선을 출동시키도록 하는 한편 사고해역 부근에서 조업 중인 한국 어선들에게도 비상전문을 띄워 구조에 나서도록 했다."

같은 날짜 부산일보에서는

"침몰 직전 '살비아호'를 구출하라."

라는 기사가 실렸다. 살비아호는 사고 발생 6일이 지나서 우리나라 언론에 공개된 것이다. 그 6일 동안의 긴박한 상황에도 회사와 국가(해경)에서 해 줄 수 있는 것은 아무것도 없었다. 물론 그들의 전적인 책임이 아니다. 선박이 해상에서 운항 중일 때는 모든 권한과 책무가 해당 선장에게 주어지는 독립명령체계이기 때문이다.

그러나 자연에 맞서는 불가항력의 상황에 놓이면 누구라도 어쩔 수 없이 지푸라기라도 잡는 것이다. 이제는 예견된 태풍의 위력에 맞서 가능한 모든 수단으로 독자적인 생존전략을 모색해야 할 때임을 직감하였다. 인간의 한계상황을 여실히 드러낸 것이다. 그 옛날, 남극 탐험가 '새클턴'의 훌륭한 리더십을 가졌다 해도, 태풍을 피할 수 있는 생존전략을 보여줄 수는 없었을 것이다.

☸ 퇴선을 시도하다

때마침 선박 무선통신기에서, 부산에서 출항하여 캄차카 어장으로 오는 '한진호(2,500톤급)'가 쓰가루 해협을 통과 중이라는 정보를 얻었다. 호출하여 전 선원의 퇴선을 위하여 구조를 요청하였다. 이미 파랑이 거세어지고 하얀 파도가 보이기 시작했지만, 승무원이라도 모두 전선(轉船, 배를 옮겨 탐)하여 구조될 수 있도록 협력해 주었다.

우리 배는 모든 가용할 만한 작업등을 훤하게 켜고 그 배를 간절히 기다렸다. 가까이 접근한 그 시각, 기온은 영하로 떨어져 추웠고 싸늘한 눈보라가 세차게 몰아치는 한밤중이었다. 해상의 시야는 뱃전의 파도가 크게 보이니 불과 십수 미터 정도 보이는 상황이다.

"곧 한진호가 접근합니다. 갑판부는 선수 선미에 접선 준비를 하고 전 선원들은 소지품을 모두 두고 간단한 방한 복장으로 작업갑판으로 집합하시오!", "3등 항해사는 갑판에서 질서 정연하게 줄을 세우고 기다리시오." 초사의 긴급한 방송이었다. 모든 선원들은 방한복 착용과 최소한의 중요 물건만 소지하고 갑판으로 나와서 질서 정연하게 정렬하도록 한 것이다.

이 방송을 듣고, 정신없이 맨 먼저 갑판으로 내려가서 줄을 서도록 유도했다. 두 선박이 접선할 때, 서로 먼저 전선하려고 다투면 바다에 빠져 자살과 같은 일이 벌어질 수 있기 때문이다.

그런데 평상시 같으면 3등 항해사의 말을 잘 듣는 선원들이었는데 그날은 제대로 줄을 서지 않았다. 불과 서너 명만 줄을 섰다. 먼저 건너가기 위해서 뱃전으로 몰린 것이다. 위기상황에 대처하는 사람들의 심리는 자신이 먼저였다. 그 옛날(1913), 북극해에서 좌초된 '칼럭호'의 탐험 대원들이 서로 살겠다고 다투어 전원 숨을 거둔 이야기가 떠올랐다.

한진호가 접근하자, 해상상태와 바람 등으로 접선하기 쉽지 않은 상황이 되었지만 이런 것을 무릅쓰고 접선을 강행하였다. 하얀 파도는 위험하다는 듯이 뱃전을 흔들고 있다. 선박을 조선하기도 어려운 상태이다. 한진호는 접선하려고 선수 대 선수 자세로 우리 배의 현측으로 다가와 두세 번 시도하였지만, 툭탁 부딪혔다가 떨어지곤 해서 잘되지 않았다. 선체가 파도와 너울의 방해로 상하좌

우로 조금씩 동요하고 있었기 때문이다.

이번에는 두 선박이 선수 대 선미로 붙이는 형태로 접선을 시도하였다. 역시 해상의 바람과 파도로 인해 뱃전이 심하게 툭툭 소리를 내며 부딪혀서 접선이 어려웠다. 접선했다고 해도 지탱하기어려워 전선은 매우 위험하다는 판단으로 접선을 중단하고 말았다. 무리하게 접선해도 선체의 불규칙한 동요로 선체의 파손과 전선 중 인명피해가 속출할까 염려되어 접선을 포기할 수밖에 없는상황이었다. 절망은 불길같이 타올랐다.

한진호는 무사 안전을 기원한다는 방송을 남기고 희미한 불빛그림자처럼 사라졌다. 고맙다는 인사도 받지 않고.

자기 집과 같은 배를 버리고 생명이라도 살릴 수 있다는 절박한심정으로 한 접선 시도가 불발되면서, 마지막 희망마저 눈보라와함께 허공으로 사라졌다. 어느 한 사람도 말이 없었고 선내는 쥐죽은 듯 조용하였다.

한진호에서 두 사람이 넘어왔다고 연락이 왔다. 인원 파악을 해보니 그 접선의 틈바구니에 재빠르게 두 사람이 한진호로 넘어간것을 알게 되었다. 그들은 선박 생활을 어릴 적부터 해온 노련한갑판장과 1등 기관사였다. 이 사실을 확인한 순간, 어느 소설이나 사고현장에서 들었던 이야기가 떠오르며 '살 사람만 살았구나' 하는 생각이 스쳐 지나갔다.

오랜 선박 생활, 특히 북태평양의 해상상태를 잘 알고 있었기에 사고가 나면 살아남기 어렵다는 나름의 판단으로 한 행동이었으리라. 그러나 위기 앞에 선내 질서는 어디에도 찾을 수 없고 자신의 탈출이 최우선이다. 북극해에서 조난되어 서로 먼저 살겠다고 하다가 모두 사망한 캐나다의 탐험선 '칼럭호'를 자꾸 생각게 한다. 선내는 더욱 찬물을 끼얹은 것처럼 싸늘하고 적막한 고요가 흘렀지만, 바다는 비바람과 하얀 물보라로 포효하며 일렁거리고 있었다.

설상가상으로 접선하다 선수 뱃전이 찢기어 화장실 외판에 천공穿孔이 생겼다. 선수 대 선미로 접선을 시도한 결과였다. 찢어진 구멍으로 파도가 넘쳐 바닷물이 계속 흘러들어왔다. 비상 펌프로 들어온 물을 퍼내면서 담요와 비닐 등으로 막고 나무 지주를 받쳐서 해수 유입을 겨우 차단하였다.

한진호로 넘어간 두 사람은 어떤 심정이었을까? 우리 살비아호의 생존을 빌고 기도했으리라 믿고 싶다. 우리 배를 처음 승선하고 생사기로에 직면하여 많은 인명과 재산을 책임진 선장은 어떤 각오를 하고 있었을까? 이제 태풍의 눈은 우릴 향해 쏘아보며 달려들고 있었다.

퇴선을 위한 접선 시도도 불가능해졌으니 뭐니 뭐니해도 우선이 생존의 위기상황을 잘 극복해야만 했다. 정말 태풍의 음침한 골짜기로 내몰렸으니, '정신일도 하사불성精神一到 何事不成'이랄까 이 난국을 오로지 모든 것을 하늘에 맡기고 두려워하지 말고 극복할 수 있는 용기만이 살 길이었다.

☸ 바다와 배와 태풍과 선원들

배 안에서도 가장 크게 흔들리는 곳은 최상부에 있는 브리지다. 선박의 지휘 컨트롤 타워인 만큼 비장한 각오를 하며 항해사들의 당직은 24시간 계속되었다. 태풍은 진행속도가 느리며 열대성 저기압(태풍)으로 돌아섰지만, 기상도의 중심기압은 현저히 떨어진 상태로 960hPa이었다. 우리 선박으로 통과할 때 브리지의 기압계는 964hPa을 가리키고 있었으니, 기상도에서 나타난 중심기압 원에서 한 눈금 벗어난 곳에 우리가 있었다.

이미 때를 놓쳤지만 타 선박의 어느 선장은, 선박의 무게중심을 아래로 내리면 복원성復原性이 높아지므로 선체 상부에 솟아있는 세 개의 마스트 중에 한두 개를 자르면 어떻겠는가 하고 조언해 주었다. 당시의 우리 배는 일주일 정도 조업하여 어창 선적량의 20% 정도 명태 어획량을 탑재하고 있었으니 공선空船에 가까웠다.

그러나 이번 항차에 처음 승선한 선장은 이 말을 듣지 않았다.

L 선장의 나이는 39세로 말이 적고 성품이 우직하며, 북태평양의 선장 경험이 있는 베테랑으로 다소 이통이 있어 보이는 분이다.

이제 브리지에 비치된 선박의 경사 측정계clinometer는 좌, 우현으로 15도에서 25도 사이를 오가며 기울기를 반복하여, 마치 침몰할 것 같은 심한 롤링(선체가 좌우로 흔들림)이 계속되고 있었다. 좌현으로 기울면 하얀 파도 속으로 들어갈 것 같고, 우현으로 기울면 하늘이 보이지 않았다. 마치 바닷속으로 빨려들 것 같은 흔들림이다.

선수 갑판은 높은 파도로 바닷물이 넘쳐 들어왔고, 선명을 새긴 선수 깃발은 해수면 아래로 들어갔다 나오기를 반복하다가 떨어져 나가버렸다. 거친 파도에 부딪힌 선저외판은 둔탁한 소리로 텅텅, 우지직거리는 기분 나쁜 괴성을 질러대고 있었다. 풍전등화風前燈火와 같은 초 긴장감이 계속 흘렀다.

몰아치는 폭풍에 성난 거대한 파랑의 마루와 골, 그 경사진 언덕은 마치 롤러코스터처럼 아이들이 매달려 소리 지르는 모습과 같았다. 그래도 롤러코스터는 안전이라도 보장되어 있지 않은가?

당직 후 침실에 누워도 휴식을 취할 수 없고, 침실의 책상과 의자도 고정한 고리가 떨어져 나가 침실 벽에 부딪히며 탁탁 소리를 지른다. 상층에 있는 사관 식당은 물론 아래의 두 층으로 된 선원

거주실 옆의 식당에서도 의자를 잡고 몸을 제대로 가누지 못하는 선원들이 많았다. 선박 경험이 적거나 정신력이 약한 선원들이 움찔거리며 구토하는 소리도 들렸다.

그런데, 이 하릅강아지는 멍한 가운데 책임감과 정신력으로 버티니 멀미는 덜하였다. 아니 하지 않으려 노력하였다.

주방의 조리원들은 식사 준비를 포기하고 살롱, 사관식당, 선원식당 등 각 식당에 쌀을 배급하여 생쌀이라도 먹도록 나누어 주었다. 살아야 하는 절박함으로 난생처음 생쌀을 씹어 보았다. 찐쌀보다 더 텁텁한 무맛이었다.

우리 배는 롤링과 피칭(pitching, 선체가 전후로 흔들림) 그리고 요잉(yawing, 선체가 상하로 흔들림) 등으로 선내 복도의 가드 라인을 겨우 잡았다가 놓치기를 반복하게 하고, 둥둥 떠다니도록 만들었지만, 제일 아래층에 거주하는 가장 젊은 위생사를 찾아갈 수 있었다. 갓 군대를 제대하고 위생병의 경력으로 위생사로 채용되어 온 사람이다.

배 밑바닥은 다소 덜 흔들거렸고, 바깥을 볼 수 없으니 불행 중 다행이다. 그래서 견딜만한가를 물으며 위로하였다. 사실 누구나도 말할 수 없는 생사의 문턱을 느끼는 처지인데도.

그는 "항해사님" 하면서, "저는 만약 배가 어떻게 되면 이런저런 모습을 보지 않고 약을 먹고 그냥 이 자리에서 가겠습니다."라고 말했다. 이 젊은이도 죽음을 생각하고 있었던 것이다. 듣는 순간 괜히 물어봤구나 하는 생각이 들었다. "아무 일 없을 거고, 곧 날씨가 회복되어 부산으로 갈 수 있다."고 힘주어 말했다. 지금 생각하니, 정말 몰라도 너무 바다를 모르는 하릅강아지가 무심코 한 말 같았다.

당시의 심정을 다음과 같은 시적 표현을 빌려 나타내 본다.

이물에 '살비아' 깃발을 펄럭이며
북태평양 파도 벗 삼아
고물에 그물 내려 바닷속 물고기를 쓸어 담고 다녔는데

파도 밭에 용감한 그녀를 보고
바다의 용심인가
물고기의 저주인가
인간의 욕심인가
그녀의 방심인가

그물과 스크루가 엉겨 붙어 한 패가 되었으니
차디찬 물속이라 잠수부는 소용없고 어떻게 떼어 놓을 방법

이 없네

바람 따라 파도 따라 흘러갈 수밖에 없는 일엽편주로다

도피성 가는 구조선 보내 달라며

회사와 청와대에 수 차례 전보 쳐 보아도

불가항력이라 해결책이 없네

태풍의 무덤에서 허우적거리는 그녀에게

하얀 파도 앞세워 윽박지르고

기다리라 소리치듯 큰 너울이 손짓하네

퇴선만이 살길인가

지나가던 친구를 억지로 불러 세워

전선을 시도하니 이미 거친 파도에 건널 수 없네

소용돌이치는 큰 눈의 불청객은 960hPa로 접근하니

화들짝 놀란 그녀는 바다와 하늘만 쳐다보며

오로지 혼자서 견뎌내는 기적을 바라네

거친 풍랑 쿵쿵대는 롤링과 피칭 속에서

모두가 롤러코스터를 타듯

태풍과 씨름하며 폭풍의 언덕을 오르내리고

금방이라도 바닷속을 구경할 듯 휘청거리니

모두가 살려달라 간절히 기도하네

거기 아무도 없어요?
어디에도 누구도 대답은 없었다

48년 전 그 날을 회고하며.

* 살비아 : 1976년 11월 북태평양어장에서 조업한 원양 트롤 어선

⚓ 일본 구조선에 매달리어

거대한 태풍의 풍랑에서 사경을 헤매는 와중에, 다른 원양어선들은 기관 운전이 가능하여 프로펠러 피치를 3~4도로 유지하고 선수에서 좌, 우현 3~40도 방향에서 파도를 받으며 힘겹게 피항하고 있었다.

청와대에 보낸 전보 때문인지 몰라도, 해경과 수산청(현, 해양수산부)의 구조요청 전문을 받은 한국 원양어선들은 높은 파고 속에서도 우리 선박으로부터 약 10마일 정도 떨어진 사방 근처에서 갑판에 불을 훤하게 밝혀 우리를 위로해 주었다.

만약 우리 선박이 어떻게 되어도 그들이 구조해 줄 수 없는 한계상황이지만, 그래도 타 선박이 곁에 있다는 것은 고통을 감소하는 데 큰 위안이 되었다. 그때 레이더로 확인해 보니 십수 척이 주변에 있었다. 정말 고마운 마음이 들었다.

이렇게 며칠을 악전고투하며 버티니, 쇠퇴기로 변한 저기압은 무사히 지나가고 바다는 아무 일도 없었다는 듯이, 다시 고요한 무풍 상태가 되어 안개가 자욱이 끼었다. 이때 선박 무선 호출기에서 우리 배를 부르는 목소리가 들린다. 일본 요코하마에서 4일 전 출발한 예인선이 "살비아! 여섯 시간 후에 귀선에 도착 예정이니 예인 색을 준비하고 기다리시오."라는 음성이 두세 번 반복되었다.

우리는 놀란 가슴을 쓸어내리며, 태풍과 파도에 엉망이 된 선박의 갑판과 선내의 구조물 등을 정리 정돈하며 평상시의 모습으로 돌려놓으려고 애를 썼다.

드디어 기다리던 구조선이 온 것이다. 크기는 우리 배의 십 분의 일 정도로 매우 작았지만, 엔진의 마력은 강력하였다. 우리 배의 선수에 예인 색을 건 구조선이 약 8노트의 속력을 유지하며 항해하니 놀라울 뿐이다. 구조선에 매달리어 처량한 신세가 되었지만 '이제 살았구나.' 하는 안도의 숨을 내쉬었다. 쉴만한 물가로 인도하심에 감사할 뿐이다.

하루 반쯤 항해하여 홋카이도의 하코다테 항에 도착하였다. 부두에 접안하고 잠수부를 동원하여 선미 스크루에 엉킨 그물을 약 세 시간 정도 제거 작업을 하여 완전히 걷어내었다. 앓던 이빨이 빠진 것처럼, 그렇게 많은 날 동안 힘들고 괴롭혔던 원인이 그 짧은 시간에 제거된 것이다. 스크루의 블레이드 끝날이 두 군데 조금 떨어져 나간 정도다. 기관을 걸어 시운전을 하니 약간의 떨림이 있을 뿐 항해에 지장은 없었다.

L 선장은 "이왕 이렇게 되었으니 홋카이도 연안에서 조금 떨어진 가까운 어장에 가서 노가리라도 만선을 하여 귀국하자."라고 제안하였다. 선원들은 "무슨 말도 안 되는 소리냐."고 거절하며 빨리 부산으로 회항할 것을 강력히 요구하여, 나흘 넘게 항해한 끝에 부산항 여객선 부두 옆의 제1 부두에 무사히 접안하게 되었다.

선원 가족들은 부두의 출입문 밖에서 얼굴을 내밀며 기다리고 있다. 참으로 부끄럽고 참담하였다. 선배 지사장은 하선하지 말라고 말렸지만, 다시는 배를 타지 않겠다고 다짐하며 미련 없이 가방을 챙겨 하선하고 말았다. 초사와 같이 근무하던 당직 중에 사고가 났으니 두말할 것도 없었다.

며칠간의 저기압 속에서 큰 돌덩어리 같은 파도에 깃발은 물속을 드나들고, 아우성치는 선원들의 놀라는 함성이 내 머리에 주마등처럼 스쳐 지나갔다. 하늘은 까맣고 바다는 하얗고 사람은 어디 있어야 할지를 모르고. 그래도 천우신조天佑神助로 무사히 생존하여 돌아왔으니, 시험을 당하여도 언제나 피할 길을 주시는 커다란 손길이 있음에 감사할 뿐이다.

☸ 퇴선 명령은 내렸는가?

스물세 살의 꿈 많은 나이에, 첫 승선에서 너무나 무서운 죽음의 문턱을 넘나들다가 살아서 돌아온 것이다. 그 이후 날씨가 좋다는 서부 아프리카 연안 어장과 뉴질랜드 개척 어장에서 초사로 승선하여 모두 3년 정도 승선경력을 채웠다.

그 후, 바로 승선경력을 인정받아 서울의 K원양어업회사라는 육상의 배에 전선하여 과장 대리로 근무하기 시작하였다. 거기서 북태평양 트롤 어선의 쿼터(어획 할당량) 관리 업무를 맡아 2년간 보내다가, 결단하여 대학원에 진학함으로 다시 부산으로 돌아왔다. 그리고 대학의 전임교수를 시작으로 후진을 가르치는 새로운 삶이 시작된 것이다. 그리하여 세월은 북태평양의 그 악몽을 지우며 쏜살같이 지나갔다.

그런데, 운명의 그 해로부터 십여 년이 넘은 80년대 말 어느 여름날, 남천동 '삼익 유수 풀장'에서 북태평양의 그물 사고로 한진호와 접선할 때, 여러 번 부딪히는 사이에 잽싸게 건너간 1등 기관사를 만났다. 그 풀장은 오래전부터 운영하지 않아 지금은 방치된 상태다. 만나서 너무 반가웠는데, 대뜸 물어보는 말이 이렇다. "그날 전선을 위해 접선 시 '퇴선 명령'을 선장이 내리지 않았느냐?"고. 자초지종을 들어보니, 귀국 후 그날의 무단이탈로 인해 회사에서 해고되었다고 한다.

살비아호의 L 선장은 주변 선박의 조언을 듣지 않아 선박의 마스트를 자르지 않았고, 인명사고도 없이 온전하게 선박을 구하여 돌아왔다며 회사로부터 극진한 대접을 받았다는 것이다.

'아, 그랬구나!' 그런데 그 물음에 어떤 말도 대답할 수 없었다. 순간 무서웠던 그날을 다시 회상해 보았다. 초사의 오더를 받아서 갑판에 줄을 세웠지만 직접 선장으로부터 퇴선하라는 명령을 듣지 못했다. 그 상황에서 '퇴선 명령'에 준하는 준비와 접선을 시도하였지만, 선장은 성격상 초사에게 조용히 말을 했을 것이다.

그리고 보니 스크루와 그물 감김의 물리적 작용에 관한 원인은 기관의 조작 실수인지, 당시의 선체 운동에 영향을 주는 해류의 영향인지 등을 규명해야 알 수 있다. 그리고 '퇴선 명령'의 진위 여부 등도 당시의 명령체계에 있는 사관들을 조사해야 하니 어려울 것이다. 이제 세월은 많이 흘러서 강산이 여러 번 변하였다. '퇴선

명령'의 여부는 영원한 숙제로 남아 가슴에 묻을 수밖에 없다.

아무튼, 올가을이면 반세기에 가까운 세월이 되지만, 옛 기억의 갈피가 머리에 꽂혀 있으니 그날의 충격이 너무 큰 것이었다. 이제야 이 글을 쓰면서 동생들에게 말을 해보니, 이렇게 대답한다. "참 오래되었네요. 그때, 기억이 납니다. 엄마가 울면서 기도하시고 온 가족이 같이 간절히 기도했습니다." 그렇다. 내 젊음의 빈 노트에 첫 사투의 고난을 간절한 기도로 채운 것이다.

죽음의 문턱에서 다시 찾은 생명의 기쁨을 간직하며 살아오면서, '고난 당한 것이 내게 유익이라(시119:71)'는 시편 기자의 말씀으로 위로와 용기를 얻는다. "No pain, no gain." 고통 없는 열매는 없다는 말처럼, 인간은 끊임없이 고난과 고통을 먹고 살아가는 존재임이 틀림없다.

제2부
아프리카 어장은 전쟁 중

⚓ 아프리카 연안 어장으로

하룻강아지 범 무서운 줄 모르고 북태평양의 파도 밭에서 원양 트롤 어선을 7개월 정도 승선하고 미련 없이 보따리를 싸서 하선한 지 한 달이 지난 1월 어느 날이었다. 북태평양 어선에서 항해사를 하다 하선한 한 친구를 만났다.

파도가 거친 북태평양에서 그물 사고로 배 타는 것을 그만두었는데, 친구는 "그래도 배를 타야지?" 하고 물었다. 배는 그만 타고 싶어서 부산 모 고등학교의 교사로 갈 것 같다고 했다. 이미 학교를 방문하여 면담하고 내년 학기 시작 전후에 결정해 주겠다는 이야기를 들었기 때문이다. 그 고등학교는 고향의 시골 면 소재지에 있는 중학교와 같은 사립재단에서 운영하는 학교이며 중학교 은사도 근무하고 있었다.

친구는 "그럼, 해군 ROTC를 했으니 2년 이상 승선해야 군필이 되는데 그건 어떡하고?"로 반문했다. 순간 잠시 생각에 잠겼다. 대학 다닐 때 4년 동안 고생스럽게 군사훈련을 받은 후 현역으로 가지 않고 전역하였지만, 그 전역 조건을 충족하지 못했기 때문이다.

그래서 "그런데, 날씨가 좋은 바다가 없잖아?" 하고 되물었다. "아니야, 대서양 라스팔마스의 어장은 사계절 내내 해상 상태가 잔잔하고 심지어 적도 해역 가까이 가서 조업도 한다는데, 북태평양처럼 날씨 걱정 안 해도 되니 딱 좋지."

그렇구나, 아프리카의 서쪽 바다는 아침과 저녁이면 햇살과 노을로 반짝이는 금빛 물결, 윤슬이 보이는 고요한 바다이겠구나 하는 상상을 해본다.

"그래? 그런 곳도 있구나. 배를 탄다면 빨리 타고 그만둬야 하니까. 교사는 다음에 해도 되겠네."

이렇게 해서 그 친구의 안내로 KF개발공사 소속 라스팔마스 기지의 대서양 트롤 어선을 승선하기로 하였다. 북태평양 캄차카 어장의 큰 풍랑을 인연으로 더 먼 바다를 가게 된 것이다.

대서양 어장은 1966년 8척의 어선이 대서양에 진출함으로써 시작되었고, 이후 꾸준히 발전하여 1970년대에는 250~60여 척으로 출어 척수가 증가하여 선원만 4천여 명에 달했다. 그러나, 1980년대에는 대서양 어장의 입어 조건, 자원감소 등등으로 출어 척수가 현저히 줄어들었다.

KF개발공사는 한국의 원양어업을 주도한 최초의 공사로 이미 305지남호(구, 601강화호, 1,500톤급)가 대서양 어장에서 조업 중이며, 이번에 초사(또는 1등 항해사)로 승선하게 된 306지남호(구, 602강화호, 500톤급)는 선원 모집 중이었다. C 선장은 후덕해 보이며 좋은 인상을 주었고 이미 라스팔마스 어장에서 한 어기(漁期, 30개월)를 1등 항해사로 마친 3년 선배였다.

그런데 우리 집에서는 "기다렸다가 신학기 초에 교사 결정 여부를 안 다음에 가도 되지 않겠느냐?"고 했다. "이미 가기로 했으니 교사는 다음에 하겠습니다."라고 대답했다.

부산에서 보름가량 준비하여 선원 십여 명을 인솔하여 2월 초 인천 국제공항에서 출국하였다. 북극항로를 따라 하루쯤 비행하여 프랑스 파리에서 하룻밤을 호텔에서 보내고, 다음 날 비행기를 갈아타고 스페인 마드리드 공항에 안착하였다.

비행기를 탄 것도 난생처음이라 멍하였는데, 공항의 대합실 벤치에 앉은 젊은이들의 애정행각에 놀라며 오히려 부끄러움마저 들었다. 시차 적응을 할 틈도 없이 다시 소형 비행기로 스페인령 카나리아 제도에서 가장 큰 섬, 그란 카나리아에 도착한 것이다.

기지사무소에서 보낸 차량으로 북단에 자리한 라스팔마스 어항으로 가는 도중 해안 주변을 보면서 또 한 번 놀랐다. 도로 옆으로 야자수가 늘어져 이국적인 분위기는 말할 것도 없고 해수욕장 모래사장에 벌거벗은 서양사람들이 많이 드러누워 일광욕을 즐기고 있었다. 상상도 못 했던 장면들이다. 마음속으로 '와! 정말 대단한 곳이구나!' 하면서 역시 어리둥절하였다.

라스팔마스는 대서양의 아프리카 연안에 근접한 카나리아 제도 중 그란카나리아에 속하는 항구이다. 일찍이 우리나라 원양어업의 전진기지가 있었던 곳으로, 일명 '지상의 낙원' 또는 '대서양의 하와이'라고 부른다. 그 이름값을 유감없이 보여주고 있었다.

드디어 그 유명한 라스팔마스 어항에 접안 중인 306지남호를 발견하고 인솔한 선원들과 함께 승선하였다. 이 배는 총톤수가 528톤으로 표기되어 있었지만, 실제로는 300톤급의 낡은 어선이다. 거주공간인 침실은 1등 항해사와 기관장만 1인 1실이고, 나머지는 2인 1실 또는 4인 1실로 되어 있으며 그것도 좁았고 식당 등의 공간은 너무 협소하였다. 선장실은 위층에 있는 브리지 내에 자리하고 있었다.

북태평양 어선과 비교한 탓일까? 아니면 대학에서 원양어업을 전공하여 외국에 나가 배를 탄다는 기대감이 큰 탓이었을까? 실망이 컸다. 하지만, 스물넷의 나이에 선박의 1등 항해사가 되었으니 큰 포부를 갖고 맡은 직무에 최선을 다하겠다고 다짐하였다. 그때, 호라티우스의 시 <오데즈Odes>에 나오는 'Carpe diem!(지금 이 순간에 충실하라)'이란 구절을 알았더라면, 큰 위로가 되었을 것 같다는 생각을 해 본다.

☸ 선원들의 싸움질

출어준비 기간 중, 선원들의 신상 파악을 위해 기관장을 제외하고 한 사람씩 불러서 면담하며 이런저런 선박 경험을 물어보았다. 항해사 네 명 중에 승선 경력이 전혀 없는 갓 대학을 졸업한 젊은 이들이 세 명이나 되니 면담 시 동석하도록 했다.

기관장을 포함한 기관 사관들은 오랜 승선경험자이며, 갑판장은 60세가 넘었고 연안 어선을 오래 탔으며, 1갑원은 북태평양 어선 경험자였고 나머지 선원들은 초보 수준이다.

그래서 그런지 아니면 자기 아들보다 어린 나이라서인지는 몰라도 갑판장은 어린 2, 3등 항해사에게 반말을 했다. '그래도 사관인데….' 하는 생각이 들어 마음에 걸렸다. 냉동사도 갑판장 나이와 비슷했고 조리장은 다소 젊으나 역시 연안 어선 경험자였다. 대부분 거친 언행과 좁은 선내 생활로 어려움이 예상되어 신경을 곤두세우고 있었다.

하루는 새벽 2시쯤, 침실 복도에서 들리는 시끄러운 소리에 잠을 설치고 말았다. 좁은 주 통로인데 갑판장과 어떤 갑판원이 내의 윗옷을 찢어 가면서 몸싸움을 하고 있었다. '아직 출어도 안 했는데. 갑판장의 군기 차원인가?' 그래도 심했다. 그래서 밤 중에 기관장을 제외하고 모두 갑판에 불러모아서 갑판부와 기관부, 조리부로 줄을 세우고 간단한 훈계를 했다.

멀리 이국땅에 와서 승선하기 때문인지, 북태평양 파도 밭에서 조업하고 생사의 갈림길에서 헤맨 큰 사고 때문인지, 아니면 1등 항해사란 직책 때문인지 모르지만 그렇게 집합을 시켰다. 북태평양에서는 선원들을 예우해주었으나 여기는 그렇게 하면 안 될 것 같은 생각이 들었다.

그래서일까 나는 방망이를 들었다. 대학에서 사관후보생 훈련을 받을 때 구타를 제일 싫어하여 몽둥이를 든 적이 없는데, 앞으로 30개월을 동고동락하려면 처음부터 단단히 위계질서를 세워야 한다는 마음이 앞섰기 때문이다.

이유 불문하고, 소란을 피운 당사자이며 어떻게 보면 우리 부친보다 나이가 많았던 갑판장에게 책임을 물어 대열 앞으로 나와 엎드리게 했다. 그런데 못하겠다고 눈알을 부라렸다. 선원들 앞에서 체면이 말이 아니었다. "좋아, 그렇다면 지금부터 당신을 갑판장으로 취급하지 않을 테니 침실로 내려가라." 했더니 그대로 내려 가버렸다. 그다음으로 1갑원을 불러서 세 번 방망이로 후려쳤다. 그러고 나서 나머지는 1갑원이 알아서 처리하고 마무리하도록 했다. 다음 날, 어떤 키 큰 갑판원이 찾아와서 자신의 이야기를 했다. 그 사람은 알고 보니 교사 출신이었는데, 가정 형편 등으로 원양어선을 처음 탔다고 한다. 이럴 줄은 몰랐다고 하며 울먹거린다. 갑판장의 통솔에 문제가 많다는 것이다. 이 사람이 그날 밤 중에 갑판장과 싸웠던 사람이다.

그러고 보니, 라스팔마스 항에 상륙하여 부두 근처나 상가 지역에서 중국 선원들과 한국 선원들의 패싸움을 지켜본 적이 있다. 저들은 처음에 패싸움을 시작하다가 한국 선원들은 하나둘씩 빠져나가고, 마지막 남은 선원만 집단으로 얻어맞는 꼴을 보았다. 그러다가 중국 선원들은 분풀이를 다 했는지 그냥 가버렸다. 그런데 일본 선원은 보이지 않았다. 일본 어선들은 우리보다 훨씬 과학적 어탐과 어획 방법으로 조업을 하므로 어장의 가치가 없으면 조업을 하지 않기 때문이다. 이따금 러시아 선원들은 단체로 이동하는 것을 볼 수 있는 정도이다.

기대보다도 낙후된 원양어선들, 조국의 어려운 생활고 극복을 위해 몸부림치며 해상생활하는 선원들의 고달픔이 이국땅에서 피할 수 없는 스트레스로 가득 찬 것이 틀림없다. 그래도 조국의 경제발전과 가족들을 위해 화합하고 인내하며 견뎌야만 했다.

⚓ 빈약한 어장에서의 첫 조업

라스팔마스항에서 열흘 정도의 출어준비를 마치고 출항하였다. 그때가 2월 하순이다. 어장은 사하라 사막의 서부에 자리 잡은 모로코, 서사하라, 모리타니, 세네갈, 감비아, 기니비사우, 시에라리온 등의 연안이다. 수심 4~50m 이내에서 서식하는 1~2년생 어족류(한치, 갑오징어, 도미, 문어 등)를 주로 어획한다. 물론 아프리카 연안이 남북으로 길게 형성되어 있으므로 어장과 계절에 따라 다양한 어종이 서식한다.

그물의 전개 형태와 투, 양망 등의 조업 방법은 기본적으로 북태평양 트롤 어장과 같지만, 그물의 크기가 훨씬 작은 것이다. 그물의 크기는 선박의 엔진 마력의 세기로 만들기 때문이다. 브리지의 어탐기 등 항해 및 어로 장비는 열악하고 낙후된 장비들이다. 어장 역시 북태평양과 비교한 탓일까, 실망은 컸지만 어쩔 수 없었다.

남쪽으로 어장을 이동할수록 해상 상태는 매우 부드러워 잔물결이 이는 윤슬의 바다, 하얀 뭉게구름이 하늘에도 바다를 이루며 흘렀다. 때로는 예망 중에 바닷물 속에 빠져들어 고향 생각이 날 정도로 넋을 잃는 고요한 대서양 바다였다.

바다와는 대조적으로, 첫 조업 어장에서 선장은 그물 투망을 하며 긴장한 모습이다. 선원들이 미숙하여 사고의 위험이 있고, 신속한 투, 양망으로 하루에 그물을 많이 내리고 올리느냐에 따라 어획량을 결정하기 때문이다. 심지어 선장이 브리지를 떠나지 않고 숙식을 하며 며칠씩 있을 때도 있었다.

그만큼 첫 출어 조업은 선장에게 큰 부담을 주었다. 뭐니 뭐니 해도 어장을 잘 찾아서 대어를 낚는 일, 그물의 효능을 파악하는 일, 안전하게 투, 양망을 지휘하고 선원들을 숙련시키는 일 등이다. 어획량을 늘리기 위해서는 신속하게 투, 양망으로 예망 횟수를 하루 열다섯 망 이상 해야만 그것이 곧 어획량과 비례하는 것이다. 그래서 투, 양망 시 선원들이 신속하게 그물을 다루도록 재촉하게 된다.

첫 그물 투망으로, 선장이 그물을 갑판에서 선미 스립웨이 (slipway, 선미의 경사면)를 통해 해수면 아래로 내리도록 지시할 때, 마이크를 잡고 갑판원들에게 상스러운 반말을 하면서 오더를 내렸다. 빨리 투망을 완료하기 위함이다.

그런데 북태평양에서 조업을 경험한 탓에 잠시 당황하였고, 서두르면 위험하기도 하여 투망 중에 존댓말로 오더를 내렸더니, 선장은 마이크를 빼앗아 빨리하라고 선원들에게 욕을 하는 것이다. 그러고 나서 그렇게 해야 한다는 눈치를 주었다. 다소 어색했지만 그렇게 할 수밖에 없었다.

첫 양망을 해보니, 그물에 올라온 어획물은 연안에서 버려진 오물과 고기가 섞여 있었고 심지어 오물 8, 고기 2인 경우도 많았다. 처리실에서는 삽으로 저어서 고기만 골라내는 작업이 선원들의 일이었고 자연히 시간도 많이 걸렸다. 북태평양의 '물 반 고기 반'과는 정반대였다.

그리고 그 골라낸 고기를 어종 별, 사이즈 별로 카톤박스라는 상자에 넣고 사이즈 표시 스티커를 붙여 기록하고 냉동 어창에 넣는다. 그러니 저질이 매끈한 좋은 어장은 많은 투, 양망 횟수로 조업할 수밖에 없고 오물 처리로 인해 조업은 힘든 작업이다.

어떤 어선은 수심이 얕은 금지구역 연안에 바싹 붙여서 그것도 저질이 날카로운 지반, 소위 '초礁 밭'에 그물을 투망하여 예인하는 것이다. 그물의 파손과 선박의 안전에 긴장하면서도 값진 고기를 많이 잡기 위하여 애를 썼다. 그런데 고기들은 귀신같이 그물질할 수 없는 해저를 잘 알고 그런 곳에 많이 모여있다.

그런데 이런 '초밭'이 아니라도 어떤 고가어류가 떼를 지어 회유하는 것을 알고 그물로 유인하면 운 좋게 대어를 만난다. 이렇게 해서 잘 잡는 선장은 한 어기 30개월을 마치면 떼돈을 번다는 이야기가 전해진다.

아무튼, 우리는 아프리카 한두 나라의 연안을 훑어서 첫 조업을 두 달 정도 하고 만선하여 라스팔마스 기지로 귀항하였다. 저질이 완만한 어장에서 어려움 없이 조업함으로써, 선원들의 숙련을 위한 훈련 조업이었다.

난생처음으로 외국 해역에 가서 첫 어로 조업을 마치고, 이곳의 상황들을 보고할 겸해서 입항하자마자 고향 집으로 전화를 걸었다. 전화를 받은 엄마는 이런저런 이야기를 하며, "○○해양고 교감 선생님이 전화가 왔었다. 결원이 생겨 근무하러 오라고 했는데, 멀리 외국으로 배 타러 출국하였다."고 말했다고 한다. 별 미련을 갖지 않아서 그냥 "알았습니다."라고 대답했다. 한편으론 고마운 일이다.

"Easy come, easy go."란 영어 격언이 생각난다. 쉽게 얻는 것은 쉽게 잃는 법이다.

첫 조업을 마치고 입항하여 내 몫의 상륙비도 받았지만, 선장은 자기 상륙비 일부를 쾌척하는 배려를 하여 고마웠다. 어장에서 귀항하니 처음 왔을 때의 느낌과 달리 라스팔마스가 새롭게 보였다. 호기심이 생겨서 항구 주변의 '무이그란드'란 부두에 상륙하여 이리저리 다녔다.

유명한 휴양지답게 스탠드바로 된 술집이 많았고, 나중에 안 것이지만 여자도 남자도 아닌 중성으로 보이는 종업원들이 자주 눈에 띄었다.

또, 처음 왔을 때 스쳐 지났던 해변을 찾아가 보았다. 낭만적인 파라솔 밑에서 바다를 바라보며 일광욕으로 온몸을 태우고 휴식을 취하며 즐기는 남녀노소의 유럽인들이 대부분이다. 참으로 부러웠다.

다시 다음 항차의 조업을 위해, 필요한 선용품(어구 부품, 부식 및 기름 등)을 선적하려고 여기저기 선구점을 다녔다. 빈약한 어장에서 수익성을 올리기 위해 경비 절감으로 대부분은 중고나 부분 교체와 같은 방법으로 준비를 해야 하니, 이것 또한 선구점을 자주 들러야 하는 성가신 일이었다.

☸ 아프리카 어장은 전쟁 중

첫 출어 항차 때부터 브리지에서 선장과 막 교대하며 조업을 하였다. 하루는 미드워치(야간당직)를 서며 조업하고 있는데, 새벽에 일어난 선장은 어획이 부진한 것을 보고 짜증을 낸다. 야간 조업이라 어획이 적었지만 민망했다. 그런데 어탐기의 기록지를 훑어보며 기록지의 표시가 희미하거나 잘 보이지 않는 곳이 많은 것을 보고, "어탐기 표시 스위치를 마구 만졌구나." 하면서 뺨을 후려쳤다. 한 대 맞으니 매우 불쾌하였지만 그대로 서 있었다.

사실 어탐기는 습식 기록지를 끼워 사용하고 버려야 하지만, 선박의 비용을 아끼는 수단으로 한 번 사용한 기록지를 한두 시간 물에 담가서 기록지의 흔적을 지우고, 말려서 다시 감아 끼워 재사용한다. 그래서 제대로 기록이 나오지 않는 때가 많았다.

선장으로서, 어획 상황이 좋지 않은 것을 알고 이해할 수 있지만 이런 식으로 표출을 하니 어이가 없었다. 자존심이 상하여 당직을 마치고 곰곰이 생각해 봤다. 이런 모습으로 더 이상 이 선박에 미래를 걸 이유와 용기가 나지 않았다.

이번에는 갑판장과의 갈등이다. 어느 날, 선장과 당직 교대 중 함께 브리지에서 투망하게 되었는데, 그물을 다른 것으로 바꾸어 손질하여 투망할 것을 갑판장에게 전달하라는 것이다. 어장에 따라서는 어획이 잘 되거나 그렇지 않은 그물도 있기 때문이다. 해서 갑판의 윈치실(winchroom, 와이어 감는 드럼실)로 내려가서 그대로 설명하며 그물 교체를 시켰다. 그런데 갑판장은 그렇게 하면 안 된다며 그대로 조업을 더 해보자는 것이다, 갑판장은 선장이 고기를 못 잡는다는 것을 에둘러 표현한 것이다.

할 수 없이 선장의 오더라고 했더니, 갑판장은 브리지로 올라가 선장에게 설명하고 투덜거리면서 다시 갑판으로 내려왔다. 선장의 어구 교체로는 어획 성능의 향상을 기대할 수 없다는 것이다. 자신의 선원 생활 경험으로 그렇게 한 것일까? 이 광경을 보면서, 갑판장은 선장의 오더를 무시할 수 없는데도 잘 이해가 되지 않았다.

조업 현장에서는 다른 어선들과의 관계에도 다툼이 상존한다. 한번은 어황이 좋아서 많은 어선들이 좁은 한 어장에서 발 디딜 틈 없이 함께 어로 조업을 하고 있었다. 서로 대어를 낚겠다고 어획이 좋은 예망 코스를 따라 해당 수심과 방향으로 그물을 한 치

오차 없이 끌고 가야 한다. 리플렉터(reflector, 레이더 반사물체)까지 만들어 띄우고 위치를 자주 내면서.

그러다 보면 가까이 오는 선박과 마주 끌게 되어 아주 근접하면 서로 전개판otterboard이 부딪히고 그물이 찢기거나 그 선박의 그물을 걸어서 두 배가 엉키게 되는 경우도 더러 있다. 그러면 서로 SSB(single side band, 선박 통신 채널)로 쌍욕을 하게 된다. 이 또한 전쟁 아닌 어획 전쟁이 되는 것이다.

더구나 아프리카 연안국들은 소형 경비정을 출동시켜서 불시에 나타나 우리 어선들을 검문하고 있다. 협정상 어구 안에 크기가 기준 이하의 이중 그물(내장망)을 넣어서 조업할 수 없다. 적발된 어선은 거액의 벌금을 부담해야 한다. 심지어 어떤 어선은 연안국과 어업협정도 하지 않은 채 조업을 강행하고 있다.

그런데 제대로 조업하여도 잡히면 선박 검색을 당하고 대부분 그들의 항구로 유인하여 조사를 받아야 하니 어업 손실이 크므로 어느 선박이든 경비정의 검문에 응하기를 꺼린다. 그래서 우리 어선들은 SSB 통신망을 통하여 주변국에서 불시에 검문하는 경비정에 귀기울이게 된다. 소위 '경비정 방송'이란 것이 있어서 통신장이 이 업무를 맡아 귀를 쫑긋 세우고 청취해야 한다. 일명 '쥐새끼 방송'이다.

이러한 내외의 어려운 위기상황 속에서도 어획이 부진하면, 다른 어장을 찾아서 남하하여 조업을 계속한다. 그런 사이에 한 어선이 불시 검문에 걸려 협약 위반으로 해당 연안국에 나포되어 항구에 감금되었다는 쥐새끼 방송이 있었다. 올 것이 오고 말았다.

그래도 나포된 그 배는 감금된 상황에서도 우리 어선들에게 그 항구에 드나드는 경비정을 살피어 경비정 출동 여부를 우리에게 알려주기도 했다. 그 어선은 감금되어 어획 손실이 막대하지만, 반면에 조업 중인 우리 어선들은 정확한 경비정 정보를 알 수 있으니 안심하고 조업할 수 있게 된다. 남의 불행이 나의 행복인 셈이지만, 서로 협력하며 위기상황 속에서도 서로 도와주는 것이다.

며칠이 지난 어느 날, 조업하고 있는데 이번에는 경비정으로부터 총을 맞았다는 우리 어선 한 척의 소식이 전해졌다. 정선 명령에 불응하여 총을 쏘아도 잡히지 않으려고 도망하여 서쪽의 외해로 도망쳐 나온 것이다. 그 급박한 상황에서 하필이면 대학 동기 K 항해사가 브리지를 향해 쏜 총에 손목을 맞아 라스팔마스로 긴급히 후송되었다는 경비정 방송이 들려왔다.

이렇게 외우내환外憂內患으로 전쟁과 같은 초긴장은 하루도 빠짐없이 24시간 계속 이어져 간다. 집안이 어려우면 자주 삐걱거리게 되고, 경비정의 총성을 듣는 외부의 조업환경이 엎친 데 덮친 격이 되어 생사를 예측하기 힘든 어업전쟁터가 바로 여기였다. 그러고 보니, 이곳 역시 근래의 언론에서 다룬 '서독 광부와 간호사'의 어려움과는 비교할 수 없는듯하다.

그런 와중에도 우리 선박은 출몰하는 경비정을 따돌리고 고기를 찾아 적도 해역에 가까운 북위 8도의 시에라리온 연안까지 남하를 거듭하면서 조업을 계속하였다. 언제 당할지도 모를 경비정의 총성을 피해가며.

⚓ 어획물의 도난

아프리카 연안 어장을 훑고 다니며 적지에 뛰어든 군인처럼 목숨을 담보하고 어획 전쟁을 치른 후, 다시 만선을 하여 사흘 정도 항해 끝에 라스팔마스로 귀항함으로 두 번째 항차를 마무리하였다.

입항하여 하역 부두에 접안하고 어종별, 사이즈 별로 냉동한 카톤 박스 어획물을 하역하였다. 부두에 대기 중인 운반 차량에 어획물 탑재 수량을 확인하여 어장에서 기록한 어획량과 비교하게 된다. 값나가는 좋은 고기를 많이 잡지 못하여 수량이 적어 속상하였는데, 하역을 다 마치니 어장 출발 때 기록한 것보다 여섯 박스 정도 모자랐다. 얼마 되지 않지만 선장은 회사에 보고한 숫자와 차이가 났으니 화난 얼굴로 선내 구석구석을 찾아보라고 한다. 오늘 입항하여 바로 하역하였으니 선장의 경험으로는 선원들이 선내의 어딘가에 숨겨놓았다는 것을 직감한 것이다.

처음 입국하여 우리 배로 승선했을 때, 옆에 접안해 있던 다른 입항선이 밤중에 우리 배 선미를 벌리고, 작은 보트를 붙여 그 배의 처리실 오물 배출구를 통해 카톤박스 어획물을 실어 가는 모습을 본 기억을 떠올렸다. 그때 내심 놀란 적이 있다. 다행히 우리 선박은 입항하자마자 하역을 하였으니 그럴 시간적 여유를 주지 않았기 때문에 배 안에 어딘가 숨겨놓았을 것이다. 배가 작으니 숨겨둘 곳은 뻔하다고 생각되었다.

그래서, 3항사 두 명을 한 사람은 선수 체인 로커(묘쇄고) 입구에 세우고, 다른 한 사람은 처리실 창고 앞을 지키게 했다. 그리고 랜턴을 들고 이 구석 저 구석을 비추며 찾아다녔다. 아니나 다를까, 체인 로커의 안을 비추니 카톤 박스 네 개가 보였다. 끄집어내어 처리실 작업대 가운데 올려놓고 선장에게 보고하였더니, 선장은 처리실 안에 선원들을 모두 모아놓고 훈시를 한다.

"여러분, 멀리 이국까지 와서 가정의 처자식을 위해 돈 벌어 살아보겠다고 여기 왔는데, 고생하여 잡은 고기를 제대로 하역하지 않고 이렇게 숨겨서 개인 상륙비로, 유흥비로 쓴다면 여러분들에게 불이익이 있습니다. 아시다시피 본선은 보합제로 운영하여 지급되는 임금이므로 어획 매출액이 작으면 개인에게 지급되는 성과급이 적게 됩니다. 이번 일은 처음이라 없었던 것으로 할 테니 제발 이러지 마세요. 그리고 이 찾은 고기는 반찬 하여 먹도록 주

방으로 보내겠습니다." 누가 그렇게 했는지는 불문에 부치겠다는 것이다. 모두 조용하였다.

그로부터 몇 항차를 더 마치고 해를 넘기며 1월 말이 되어 만선으로 입항하였다. 이번 항차는 오징어, 문어 같은 고가 어종을 제법 잡았다. 하룻밤을 부두에서 정박한 다음 날, 어획한 카톤박스를 운반 차량에 적재하였는데 이번에는 서른 박스 정도 차이가 났다. 선내에는 없었다.

선원들을 불러 모았다. 누가 그랬는지 물었으나 공개적으로 나서지 않는다. 선장은 화난 얼굴로 경고하면서, 오늘 안으로 고기를 훔쳐 간 사람은 자수하면 용서해 주겠다는 유화책을 내놓았다. 지난밤에 이미 야간 당직과 모의하여 반출하였는지 아무도 자수하지 않았다.

하루가 지났을까? 선장은 선장실에서 항해사, 기관사를 제외하고 하급선원들을 한 사람씩 불려서 이번 항차에 상륙비로 무엇을 하였는지, 그 행동과 유흥비 등을 꼬치꼬치 캐물었다. 그래서 상륙비보다 많이 쓴 사람이 범인이라고 판단하는 것이다. 밤늦게까지 심문審問을 계속하였으니 선원들은 짜증을 내며 야단이다. 게다가 회사는 기본 책정급여를 매달 생활비로 가정에 지급하지 못하여 늦어지고 있는 시기라서 무얼 믿고 이국까지 와서 고생하느냐고 반문하듯 했다.

그 당시, KF개발공사는 국가에서 운영하는 공기업이지만 자체 경영능력이 부족하였고 어선 척수가 많아서 방만한 운영으로 힘든 시기였다. 그 탓인지 매월의 기본급여가 지불되지 않는다고 하니 선원들은 어떤 방법이든 살 궁리를 저렇게 선택한 것일까? 그래도 절도를 하는 건 아니다. 그럴수록 어장에서 고기를 부지런히 잡아서 어획고를 올려야 하지 않겠는가?

⚓ 좌초 선박의 선원 구출

전쟁터와 같은 운명의 어장에 나와서 하루에 열다섯 차례 오르내리는 투·양망을 신속하게 해야 하지만, 이번 항차부터는 고국에서 들려오는 회사 소식에 힘이 빠진 선원들이 지치고 조업할 의욕을 잃어가고 있었다. 겨우 열두 번 정도 투·양망할 정도로 조업 속도가 느려져서 조업하는 날이 더 길어지고 있다.

지난 번 항차처럼 시에라리온 연안에서 조업을 많이 했다. 이곳은, 어획량이 많았지만 값나가는 고기가 아니라서 어느 정도 잡으면 값진 좋은 고기를 잡기 위해 어창을 비워둘 필요가 있었다.

어획물 일부를 하역하기 위해 시에라리온의 수도 프리타운항에 들어갔다. 항구는 꽤 크고 천연 항으로 수심이 깊은 곳이 많았지만, 우리 배는 하역 가능한 부두에 접안하였다. 이 나라의 입항은 생전 처음이다.

그곳 흑인들은 게을러서 하역 속도도 느리고, 먹거리 구하기가 힘들어서 접안한 우리 선박의 주위를 맴돌았다. 큰 꼬치고기(바라

쿠다)를 하역하다가 파지 등으로 상품 가치가 없는 고기 조각을 던져주면 먹으려고 많이 모여들었다. 심지어 바다에 던져버리면 잠수하여 건져간다. 그래서 재미 삼아 또 던진다.

하역 작업이 끝난 후, 선원들은 상륙하여 외출하였다. 삼삼오오 택시를 구해 탔는데 바가지를 씌웠다. 택시 기본요금을 탄 사람 수대로 계산하여 받는 것이다. 도심 가운데의 행정기관과 건물은 영국인이 만들었고 그들이 국가 행정을 맡아 하고 있다고 한다.

시내를 걸어가면, 꼬마 아이들이 어디서 왔는지 손 내밀고 돈을 달라며 "Give me, money!" 하고 몰려들었다.

특히 키가 작은 새까만 흑인들이 많이 눈에 띄었고, 가정의 생활 모습이 그대로 노출되어 있어 거주환경은 '자연과 더불어' 살고 있었다. 심지어 돈을 주면 외부 손님을 가정으로 끌어들이고 있었다. 그만큼 살기가 어렵고 낙후된 곳이다.

다시 어장으로 나와 조업을 계속하던 어느 날, 비보悲報가 날아왔다. 우리 회사의 트롤 어선 '305지남호'가 북위 18도 모리타니 어장에서 얕은 수심의 모래바닥에 배가 걸려 좌초(좌주坐洲 라고도 함)되었다는 회사의 전보였다. "급히 가서 선원들을 모두 구출하라."는 특명이다. 연안국의 경비정에 발각되면 선박의 소속 국적을 알게 되어 선원들을 인질로 잡고 벌금을 요구하면 회사가 더욱 어려워진다.

좌초된 선박은 이미 어장에서 같이 조업하던 다른 선박에 예인되어 구조하도록 자구책을 시도하였으나 실패로 끝난 상태였다. 그런 와중에 두 명의 선원이 사망하였다고 한다.

우리 배는 선수를 북쪽으로 돌려 전속력으로 하루 이상을 항해하여 사고현장 가까이 이동하였다. 레이더를 돌려보고 경비정 방송을 청취하면서 도둑고양이처럼 몰래 그것도 한밤중에 맞추어 사고현장으로 접근하였다. 수심 4~5m 정도밖에 되지 않는 얕은 수심에 좌초된 것을 레이더 영상으로 포착하였다.

우리 배는 항해등은 물론 모든 등화를 끄고 검은 유령선으로 변장하고, 좌초되지 않을 정도의 최단거리 가까운 위치로 7m 수심까지 접근하여 묘박(錨泊, 닻을 내려 고정함)하였다.

이미 그 선박의 선원들은 모리타니 연안 모래사장에 상륙하여 모여있는 모습이 희미한 불빛으로 직감할 수 있었고, 선박은 깜깜한 상태로 하나의 작은 돌출 암처럼 보였다. 곧바로 랜턴을 켜고 선원 구조를 위해 우리 선박에 탑재된 구명벌liferaft을 터뜨려 고

무보트처럼 만들었다. 거기에 작업용 로프를 달아서 노련한 1갑원과 기관원 두 사람을 태우고 선미 스립웨이를 통하여 구명벌을 해수면에 내렸다. 007작전이 시작된 것이다.

우리 갑판에서는 연결 로프를 계속 풀어서 잔물결과 해수의 흐름을 이용하여 해안으로 떠내려가도록 조절하였고, 바람에 떠밀리어 사고 선박의 선원들이 모여있는 곳으로 가도록 유도하였다. 해안에 닿은 구명벌은 재빠르게 사고 선박의 선원들을 여섯 명씩 소지품과 함께 실은 다음, 신호를 주면 연결 로프를 힘껏 신속하게 당겨서 우리 배로 옮겼다.

이국의 바다, 캄캄한 밤, 경비정 방송을 청취하며 초긴장으로 사력을 다하여 구조를 이어갔다. 그 상황은 말로 표현할 수 없다. 이렇게 하기를 네 번 반복하였다. 캄캄한 어둠 속의 적지에서 아군을 구출하는 007작전이 드디어 성공을 거둔 것이다.

이제 동트는 새벽이 되었고 선원들을 모두 구출하였는데, 좌초 선박의 선장은 오지 않았다. 선박에 남겠다는 것이다. 모든 사고의 책임을 스스로 지겠다는 무언중의 선장 각오였다. 우리 선장은 SSB로 호출하여 배를 버리고 구명벌에 탈 것을 강력히 요청했다. 심지어 연안 경비정이 오고 있다는 거짓말까지 하면서.

그렇게 하여 겨우 선장을 달래어 태우고 '다리야 나 살려라' 하는 심정으로 라스팔마스를 향하여 북쪽으로 북쪽으로 항해하기 시작했다. 모래바닥에 드러누운 배는 쉼을 얻었는지 몰라도, 그 배를 그냥 두고 가야 하니 참으로 괴로웠다. 한국 최초의 원양 트롤 어선으로 역사에 이름을 남겼던 옛 명성을 여기에서 묻어야 하기 때문이다.

무사히 선원들을 다 구조했다고 생각했는데, 소지품은 있으나 두 사람이 보이지 않았다. 사고 선박의 1등 항해사와 1갑원이었다. 사고 당시, 그 선박은 탈출을 위해 구명보트에 구조 선박으로 건네줄 예인 로프를 싣고 네 명의 선원을 태워 현측 아래 바다 수면으로 하강하였다. 도중에, 파랑으로 인해 선박이 흔들리면서 구명보트가 선박의 현측에 부딪혀서, 달아 내리는 줄이 끊어져 바다에 곤두박질쳤고 네 명 중 두 명만 살고 두 명은 익사한 것이다. 그 육체라도 거두어야 마땅하지만 보이질 않아 찾을 길은 없고 그럴 겨를도 없으니 용서를 구할 수밖에.

좌초 선박은 라스팔마스 어선 중에서 유일하게 구명보트를 탑재하고 있었다. 사망한 두 명 중 1등 항해사는 제대 후 복학한 선배로 대학을 같이 졸업하였고 결혼까지 하여 여기에 온 것이다.

그는 광주 출신으로 나와 성이 같았다. 소지품 가방을 챙겨서 기지 사무실에 보냈다. 마치 내가 당한 것 같은 느낌이 들어 마음이 착잡하였다.

그 뒤에 들리는 말에 의하면, 그 선배의 처는 유복자를 안고 회사에서 울며불며 뒹굴었다고 한다. 지금도 생각하니 그 얼굴 모습이 희미하지만 내 마음에 그려진다.

그 후에, 좌초 선박을 소유한 KF개발공사는 우리나라 국회에서 막대한 재산의 배와 함께 두 명의 선원을 머나먼 이국 바다에 묻었으니 사고에 관한 문책을 받았다고 한다.

그런데 아이러니하게도, 우리 한국 어선들은 그 어장에서 조업할 때 사하라 사막의 밋밋한 모리타니 해안으로 뚜렷한 레이더 물표가 없었는데, 이 좌초 선박을 이용하여 정확한 위치를 내어 고기를 잘 잡고 있다는 뒷이야기가 전해졌다. 그 배는 파도에 휩쓸려 사하라 사막의 모래밭 속으로 점점 파고 들어가고 있었으니, 아마 지금쯤은 수면 아래로 사라졌을 것이다.

⚓ '일동호'의 나포와 탈출

한국 어선들은 서사하라에서부터 시작하여 모리타니 연안에서 주로 조업하고 있다. 그 연안 어장에서 조업하던 한국 트롤 어선 중, '일동호'가 모리타니 경비정에 나포되었다는 소식이 들려왔다. 그때가 출어한 첫 해 봄의 중간쯤 된 어느 날이다. 우리 선박은 두 번째 항차로 기억된다.

그 근처의 우리 어선들은 나포되었다는 경비정 방송을 듣는 순간, 모두 놀라서 예망하는 그물을 즉시 양망하거나 아니면 와프 warp를 잘라서 그물을 바다 물속에 버리고 270도 방향의 서쪽으로 '다리야 나 살려라' 하며 기관 엔진을 전속으로 올려서 도망을 간 것이다. 잡히지 않은 우리 어선들은 다행이라며 안도의 한숨을 쉬었고, 나포된 그 선박은 어떻게 될까 하는 걱정을 하게 된다.

그런 후, 우리 선박은 모리타니 어장에서 도망하다시피 남쪽으로 항해하여 세네갈, 시에라리온 연안 어장까지 내려가 조업을 계속하였다. 값진 고기는 적도 가까이 갈수록 적었으나 계속 경비정 방송에 귀를 기울이며 안전을 먼저 생각했다.

나중에 들으니, 나포된 그 배는 모리타니의 제2 도시인 '누아디부'의 남단(뱀 대가리 모양의 돌출된 반도형) 끝에서 남서쪽 25마일(약 46km) 떨어진 어장에서 조업하다가 경비정에 걸렸다고 한다. 충분히 연안에서 떨어져 있어도 잡힌 것이다. 이때도 경비정(일명, 쥐새끼) 방송을 청취하거나 조업 중 레이더를 보며 주위를 항해하는 선박의 동향을 살폈다고 한다. 그런데 경비정은 불특정 한국 어선에 접근하여 검문하는 것이다.

한국 선박들이 선단을 형성하여 조업할 때는, 북단에 있는 선박이 북쪽에서 남하하는 항해 선박에 신경을 집중시켜 살피고, 반대로 남단에서 조업하는 한국 선박은 남쪽에서 북상해 올라가는 선박에 신경을 쏟으며 서로 정보를 교환하여 조업한다.

특히 접근하는 상대 선박의 속력을 체크하면서 속력이 일정하지 않거나 한 방향으로 빠르게 이동하면 경비정으로 간주한다. 경비정은 모습을 감추기 위해 새벽녘에 우리 어선들 중에 한 선박을 택하여 조용하게 접근하여 나포하는 것이다. 이 나포된 선박에도 그런 새벽 시간에 일반 항해 선박과 같은 속력과 항로로 몰래 접근해왔다. 그러니 경비정이 가까이 접근해 와야 알게 되는 것이다.

일동호는 무장 군인에 의해 나포되어, 바로 가까운 '누아디부항'의 남서쪽 부두에 억류되었다. 이곳은 북위 21도의 대서양 서안의 깊숙한 내만에 자리 잡고 있다. 1등 항해사와 통신장 두 명은 인질이 되어 육상의 호텔과 같은 감옥에 격리되었다. 선장은 회사와 항구 및 주변의 동향을 살피어 비상조치를 하는 관계로 억류된 배에 남고, 1등 항해사를 선장으로 속여 보냈다고 한다.

그렇게 해서 우리 선박은 한동안 긴장하다가, 그 항차 조업을 무사히 마치고 라스팔마스로 귀항하여 하역한 후, 다시 출항하여 어장으로 남하하였다. 그런데 경비정 방송에 의하면, 나포된 일동호는 벌써 두 달이 넘도록 그대로 감금되어 있다고 한다.

일동호의 소속 회사에서는 별다른 대책이 없었다. 모리타니 정부도 빨리 재판을 하여 벌금 판결이 났으면 하지만 그렇지도 못했다. 사실 나포된 선박은 벌금을 부과받으면 회사는 선원들의 보합금으로 충당하므로 자연히 그 선박은 파산하게 되어 더 이상 조업을 할 수 없다.

이제 아프리카 연안의 바다는 여름에 접어들면서 갑판에 내리쬐는 햇살로 무더웠다. 얼었던 우리의 마음을 녹이기라도 하듯.

그런 어느 날, 우리 경비정 방송에서 일동호가 누아디부항에서 인질로 격리된 1등 항해사와 통신장을 태우고 한밤중에 탈출하였다는 소식이 전해졌다. 나포 선박은 극비리에 D-day, H-hour를 정하여 경비하는 군인을 무장해제시키고 선박 구명벌에 태워 꼼짝 못 하게 묶어서 항 내로 띄워 보낸 후 탈출에 성공한 것이다.

이 이야기를 들은 우리 어선들은 탈출한 어선에 격려와 축하를 보내기보다 그 후환이 두려워서 또 한 번 놀라며 나포 당시처럼 뿔뿔이 그 어장을 콩 튀기듯 재빠르게 벗어났다. 이제 한국 어선 중 누군가 제일 먼저 걸려 나포되면, 시범케이스로 선원들이 모두 처형될지도 모른다는 공포감이 돌았다.

오랜 세월이 지난 지금 이 글을 쓰면서 운 좋게도(?) 당시의 나포 선박에 탑승하여 탈출에 성공하고 귀국한 모 항해사의 '누아디부 탈출기(부경대학교 어업학과 80년사, 2023)'를 읽었다. 감금된 호텔은 누아디부 역 근처에 있어서 한밤중에 도착하는 열차의 소음을 이용하여 두 사람은 호텔 창문을 깨고 탈출하였고, 기찻길을 따라서 도망하여 억류된 배로 합류하였다고 한다.

또한, 항 내에서 나올 때, 수심이 배 흘수(draft, 물에 잠긴 선체의 깊이)보다 얕은 항로를 피하여 좌초하지 않기 위해 장시간 항 내의 조석 조건을 치밀하게 조사하였다고 한다. 그래서 대조기의 만조

시에 깊은 수심으로 유유히 탈출한 것이다.

영화의 한 장면이 아니고 무엇이겠는가? 당사자인 선원들은 모두가 목숨을 걸고 탈출하였으니, 전쟁터가 바로 이곳 아프리카의 원양어업 어장이었다. 어찌 에피소드라 말할 수 있겠는가?

돌이켜 보니 70년대 서부 아프리카 연안 어장에서 조업하는 우리나라 원양어업은 연안국의 입어 조건에 맞서 조업하는 어업으로 도둑놀이, 나아가 전쟁놀이를 해 왔다는 사실을 새삼 상기시켜 주었다.

누가 바다를 무주공해(무주공산의 변용)라 했던가? 어느 길가의 집을 지나가던 행인이 그 집에서 담을 넘어온 감나무의 먹음직한 감을 슬쩍 훔쳐 먹는 모습을 연상하게 한다. 주인에게 잡히면 변상을 하고, 그렇지 않으면 그냥 따 먹는 것과 무엇이 다르겠는가?

⚓ 중도 하선자들

출항 준비를 하고 있던 어느 날, 한 기관원이 와서 자신은 부산 기장군 출신이라며, 선원들 사이에서는 갑판장이 제주도에서 연안 어선을 탔고 우리 선장의 부친과 친구라는 말을 들었다고 전해 준다. '그랬구나.' 금시초문이었다. 이제야 의문이 풀렸다. 그래서 선장이 갑판장에게 존댓말로 오더를 내린 것이 이해가 되었다. 부산에서 선원 구성할 때 어구 그물 경험이 많은 제주도 고향 사람을 갑판장으로 고용한 것이다. 그래서 그런지 어린 항해사들에게 반말도 하고, 심지어 초사인 내 말도 제대로 듣지 않았던 것이고, 선장에게도 맞서는 경우가 많았다.

입항 중, 하루는 트롤 그물의 그라운드(그물 입구의 바닥줄)를 제작하기 위해 설계도의 순서대로 로프에 원형의 타이어 조각과 보빙(bobine, 철로 만든 둥근 공) 등을 교대로 끼워 만드는 과정에서 갑판장과 트러블이 생겼다. 갑판장이 설계 도면을 무시한 것이다.

그런데 그 화살은 나에게 돌아왔다. 선장은 질책하며, "그래서 고기를 잡겠냐"고 한다. 화가 나서 갑판장과 결판을 내었다. "당신은 처음부터 여러 가지 상황에서 비협조적이고 의논도 하지 않고 마음대로 하며 선원들 통솔도 되지 않으니, 당신이 하선하든지 내가 하선하든지 둘 중 한 사람만 이 배에 남아야 한다."고 으름장을 놓았다. 그러다가 한 항차를 마쳤다.

그러던 어느 날, 이런저런 이야기를 들었는지 선장과 기지장이 서로 의논하여 갑판장을 하선 조치하고 귀국시키기로 하였다는 말을 들었다. 아무래도 갑판장에게는 이미 이야기를 한 것이 아닌가 짐작된다. 후속 조치로 후임 갑판장 등 몇 사람의 선원 충원을 부산지사에 요청하였다고 한다.

이러다 보니, 앞으로 남은 기간이 16개월 정도로 어기의 중간쯤 왔는데 우리 선박은 어장 조업이 느려서 힘들었다. 어획량이 줄어드니 선원들의 분위기도 많이 가라앉고 침통하여 너무 어려운 선상생활이었다.

그 사이, 선원들과 접촉하며 고향과 선원 이력 등을 물으면서, 지난 하역 시 어획물을 몰래 빼돌린 일당을 염탐廉探하고 있었다. 그런데 선원 중에서 밀고자가 생겼다. 어획물을 몰래 훔쳐서 판 선원들이 밝혀진 것이다. 밀고한 선원에게서 들은 명단을 선장에게 넘겼다. 해당 선원들은 다섯 명이었다. 선장은 그들을 불러 호통을 치면서 '각서'를 쓰라고 했다. '금후 어획물 밀반출 금지는 물론 다음 달부터 가정에 지급되는 기본급의 50%를 삭감하여 지불한다.'는 내용이다. 각서는 썼지만 크게 반발하였다.

선내 분위기는 험악하였고 어획물을 도둑질한 선원들과 그렇지 않은 선원들 간에 내부적인 갈등이 생긴 것이다. 서로 두 쪽으로 갈라졌다. 우리 선원들은 선장과 항해사 그리고 기관사, 통신장, 냉동사, 갑판장급을 제외하면 하급선원들은 열 명 정도였는데 다섯 명이 걸렸으니 그 갈등이 심각하였다.

출항 준비를 하여 다시 출항하게 되었다. "전 선원들은 출항 자세로 각 부서에 배치하라! 올 라인, 렛고!"라는 오더가 떨어졌다. 계류색을 풀려는 순간, 각서를 쓴 다섯 명이 부두로 뛰어내려서 도망가 버렸다. 출항은 중단되었다. 선장은 "저 다섯 명을 잡아 오너라." 하고 명령했다.

나는 부두를 지나 무이그란드 공원 쪽으로 도망가는 선원들을 추격했다. 공원 숲에서 저들을 만나서 달래보았다. "그 각서는 없었던 것으로 해볼 테니, 배로 가자."라고 회유했다. 그러나, 그들은 선장의 말을 들어보겠다고 선장을 불러 오라는 것이다.

결국, 협상은 결렬되어 다섯 명은 하선 조치하고 모자란 선원은 기지 사무소에 보충을 부탁하면서 배는 부두를 떠나 어장으로 향했다. 그래도 부족한 선원으로 다 같이 뜻을 모아 그 항차를 무사히 마치고 귀항하였다.

이제 겨울의 끝자락에 이르러 비수기에 접어들었고 선원 보충도 할 겸해서 이 시기에 선박 수리를 하게 되었다. 약 한 달 반 정도 예정하였다. 그런데, 나는 수첩 고입이 32개월로 되어서 이 선박에서 선장까지 할 것으로 예상했으나 포기하기로 했다. 그래서 수리 중 어느 날, 선장에게 수리를 마무리 짓고 귀국하겠다는 의사를 밝혔다.

선장은 침통한 표정을 비추며 그렇게는 안 되고 끝까지 승선하여 자기 후임 선장을 해야 한다는 것이다. 말은 고맙지만, 자신이 없었다. 선장으로서는 선원도 없는데 엎친 데 덮친 격이었다.

선박 수리가 끝나가는 어느 밤 중, 1시나 되었을까? 야간 당직 선원이 깨우면서, 선장이 호출한다고 한다. 술에 취해 인사불성이 될 정도로 몸을 가누지 못한 선장은 마시던 물병을 던질 듯이 하면서 "왜 가냐?"라고 소리 질렀다. 위협을 느껴서 급히 선장실을 빠져나와 가방을 챙기고, 부두 저편의 무이그란드 공원으로 그 밤

중에 도망하다시피 하여 배를 떠났다.

그 공원에서 하룻밤을 보내고, 다음 날 배로 다시 가서 선장이 술 깨기를 기다렸다. 정오가 넘어 선장은 결심한 듯, '각서 모델'을 주면서 이렇게 써 오라는 것이다. 소위 '자의自意 하선'이란 제목이다. 맘대로 무단 하선하였으니 전수금과 왕복 항공비를 당장 내고 가라는 내용이다. 화가 치밀었다. 선장에게 브리지에서 어탐 기록지 건으로 뺨 맞은 것이 화근이 되었는데, 그리고 지금까지 14개월 5항차를 1등 항해사로 승선했는데, 이건 아니다 싶었다.

그러나 이왕 하선하기로 작심했으니 갑에게 당할 수밖에 없다는 을의 심정으로 각서를 써 주고 하선하였다. 혹 법정 투쟁이라도 하면 각서 모델대로 강제로 썼다는 증표를 보여주기 위해 싸인 속에 아니 '不' 자를 작게 표시해 두었다. 그리하여 어획물을 팔아먹은 선원들처럼, 나도 중도 하선자가 되었다.

☸ 법원권근

1년 2개월을 동고동락한 배는 다시 어장으로 출항하면서 나는 하선하였고, 기지장의 안내로 '한국선원회관'(Casa de Corea)에 임시 거주하게 되었다. 기지장은, "항공비를 부담하고 귀국하겠다니, 너는 왜 그런 각서를 썼느냐? 지금이라도 선장한테 전보를 보내 다시 승선해 보겠다거나 아니면 용서를 구하라. 그리하면 귀국시켜 줄 것이다."라고 권유했다. 기지장은 선장의 결재가 있어야 귀국 조치할 수 있다는 것이다. 그래서 좋은 게 좋다는 심정으로 기지장 편에 몇 자 적어 보내어 전보를 쳐 주시라고 부탁하였다.

며칠 후, 2등 항해사가 갑자기 찾아왔다. 출항하여 어장으로 가는 도중 기관 고장으로 급히 다시 입항했다며 "선장이 1등 항해사 님을 데리러 여길 올 겁니다."라고 귀띔해 주었다. 한 번 마음 먹고 내렸으면 두 번 다시 쳐다보고 싶지 않았다. 급히 해변으로 피신하였다가 저녁에 돌아오니, 선원회관 수위는 "어떤 사람이 찾아왔다가 없어서 갔다."라고 한다.

일 주일쯤 지나서 기지장이 다시 방문했다. "선장이 회신해 주지 않는다. 어떻게 할 거야? 집에서 송금받아 귀국해야지." 순간 짜증이 났다. 부모에게 말하고 싶지 않았다. "기지장님, 제가 한국에서 여기까지 항공비 부담하고 왔다 갔다 할 정도면 이 대학을 나오지 않았습니다. 계속 여기 선원회관에서 살겠습니다." "너도 보통이 아니구나, 참 대단하다."

선원회관은 귀국을 위해 임시 숙박하는 경우와 어장에 나간 선박에 승선을 위해 대기하는 선원들, 또는 수산회사 기지 주재원이 잠시 머무는 곳이다. 그래도 억지로 태연한 척하며 다른 선원들과 바둑이나 장기를 두기도 하고, 가까운 해변으로 나가서 먼바다를 응시하며 무일푼의 거지로 시간을 보내고 있었다.

어느 날, 모 선박의 2등 항해사로 승선하고 있는 동기 친구가 찾아와 '치바스'란 양주 두 병을 주면서 귀국할 때 집에 가져가라고 한다. 술은 먹지 않지만, 너무 고마워 눈물이 핑 돌았다. 아마 그 선박의 1등 항해사는 고등학교 선배이고 대학을 같이 다녔으니 상의하여 보낸 것 같았다.

그렇게 시간이 지나가고 4월 하순에 접어드니 선원회관에서 생활한 지도 한 달이 넘었는데 귀국시켜 주지 않았다. 법원권근(法遠

拳近, 법은 멀고 주먹은 가깝다는 말)이랄까? 현실은, 그냥 있으면 해결의 기미가 없었다. 이젠 참을 만큼 참았으니 '제3자의 힘을 빌려야겠구나' 하는 다짐을 하고, 묻고 걸어서 라스팔마스의 한국영사관을 찾았다.

담당 해무관海務官과 면담을 하였더니, 우선 왜 하선하였느냐고 묻는다. "근무 중 구타로 인해 더 이상 승선 생활을 할 수 없어 하선하니 이렇게 각서를 써오라고 해서." 하면서 선장이 적어준 각서를 내보였다. 순간, 해무관은 어이가 없다는 듯한 표정을 지으며, "이런 하선이 어디 있느냐? 그리고 이렇게 오래되도록 귀국 조치를 안 하다니. 지금 거주하는 곳이 어딥니까?"라고 물었다. "한국선원회관"이라고 했다. 당시에는 선원이 하선하면 어떤 이유든 2주 이내에 최초의 승선지로 보내야 하는 선원법의 규정이 있었다. 선원회관에 가 있으면 조치를 하겠다며 기다리라고 했다. 고마웠다.

그래서 그런지 하루 지나니, 기지장이 찾아와서 "왜 거기 갔느냐"고 화를 버럭 내며, 당장 다음 주 비행기로 귀국하라고 하였다. 그리고 며칠 후 항공권과 여비를 주면서 동시에 한국 선원들 일곱 명과 영사관 여직원 한 명을 데리고 한국까지 인솔해서 가라고 한다.

한국으로 귀국하는 도중에 파리공항호텔에서 하룻밤을 보내며, 중도 하선자를 한 방에 모아 친구가 준 술 '치바스' 한 병을 먹으라고 주며 위로하였다. 영사관 직원도 스스로 참석하여 술은 못 먹는다고 하면서도 병뚜껑에 가득 채워달라며 그냥 마셨다. 그리고 그녀의 방으로 가버렸다. 그런데 밤새도록 소리 지르며 괴로워하기에 어떤 조그마한 남자 선원이 생수를 주며 달래었다. 그동안 영사관에 근무하며 많은 스트레스가 쌓였던 것 같다. 다음 날 한국행 비행기를 타지 못할까 걱정이었다.

그리하여 완연한 봄이 온 서울에 무사히 귀국(1978.4.28)하였고, 회사에 전화를 거니 와보라고 한다. 가고 싶지 않지만 그래도 들러보았다. 그랬더니 우리 배 담당 직원은 이렇게 묻는다. 왜 하선하였으며, 각서를 이렇게 썼으니 소요경비를 내라는 것이다. 선장에게 구타당하여 근무할 수 없어서 하선하였다고 설명했다.

그러나 경비를 지불하겠다고 하며, 그동안 다섯 항차로 1년 2개월의 1등 항해사 직무를 수행하였으니 해당하는 보합금을 계산해 달라고 했다. 1원이라도 남으면 찾아가고 모자라면 모자란 만큼 지불하겠다고 했다. 그 직원은 우래 배의 서류함 창고를 다녀오더니 아직 정산할 서류가 오지 않았다고 하며 정산하면 알려주겠다고 한다.

회사를 나오려고 하니 건너 테이블에서 과장으로 보이는 어떤 남자직원이 손짓하며 불렀다. 자신은 68학번이고 고향이 고성군 이라며 옆에서 자초지종을 들었는데, "그런 거 너무 신경 쓰지 말 고 앞으로 하고 싶은 일이나 잘 하라."고 하며 안심시켜 주었다. 너 무나 짧은 만남, 짧은 말이었지만 평생을 두고 잊히지 않는 좋은 기억의 갈피를 만들어 주었다. 그분께 진심으로 감사를 드린다.

⚓ 필연적 인연

대서양 어장에서 중도 하선하여 귀국하고 세월은 물과 같이 말 없이 잘도 흘러갔다. 그 사이 대학에 근무하며 학생들의 승선실습을 전담하고 실습선의 선장 보직도 겸하여 근무하고 있었다. 연근해 승선실습은 봄부터 가을까지 우리나라 연안을 항해하며 항구를 입출항하고, 어장에서 시험조업을 하며 학생들을 지도하는 것이다. 학생들은 제주도 입항을 좋아하였고, 한라산 등반과 학생단체 견학 등을 하며 5~6일씩 제주항에 정박하곤 했다.

80년도 중반을 넘어선 것으로 기억한다. 실습차 제주항 어선부두에 입항하여 가까운 '산수탕'으로 목욕을 갔다. 제주도는 육지와 달리 지하암반에서 잘 걸러져 나온 물이기 때문에 목욕하면 몸이 매끈매끈하여 자주 갔다. 제주항 근처에 그런 목욕탕이 몇 개 더 있었다. 그날 탈의실에 들어서니 막 탕에서 나온 사람과 마주쳤다. 라스팔마스에서 함께 승선한 306지남호 C 선장이었다. 외나무다리에서 만난 것은 아니지만 정말 우연한 만남이었다.

사실 중도 하선하면서 마음이 언짢아 다음에 만나기만 하면 욕을 해 주고 싶었다. 그런데 이게 몇 년 만에 다시 만난 것인가? 생각할 겨를도 없이 겸연쩍은 미소로 마주했다. 대뜸 집이 근처이니 가자고 한다. 가도 되는가 싶다가 집에 들렀더니 서너 살 먹는 딸아이가 하나 있었다. 갑자기 준비한 것도 없어서 지폐 한 장을 꺼내 주며 맛있는 거 사 먹으라고 했다. 차를 한 잔 나누면서 그 선장은 자신의 이야기를 한다.

라스팔마스에서 어기漁期를 제대로 채우지 못하고 중도에 조업이 중단되었다고 한다. 라스팔마스 어장은 빈약한 어획, 선원통솔의 어려움, 연안의 경비정 출현 등으로 계약 만기 조업이 쉽지 않았다. 그 후, 제주도 고향으로 돌아와서 제주 연안에서 야간에 낚시로 어업하는 소형 선박 두 척을 운영하며, 자신도 한 번씩 밤 배를 타고 나가 조업을 한다고 한다. 선주가 된 것이다.

그런데 소형 연안 어선은 수지타산이 맞지 않아 소득이 없다고 한다. 그러면서 사람이 돈 아니면 명예라도 있어야 하는데 이도 저도 아니라고 푸념한다. 기회 봐서 이제는 트롤 어선이 아닌 참치연승어선을 타고 멀리 나가 돈을 벌어야겠다고 한다.

그렇게 그와의 두 번째 만남은 짧은 시간에 만나고 헤어졌다.

실습으로 제주도에 자주 오니 그때 들르겠다는 말을 던지고. 그러나 제주항에 입항을 자주 하였지만, 학생들의 한라산 등반, 관광 인솔, 견학 등으로 지척에 있어도 만나보질 못했다.

세월은 또다시 쏜살같이 달아나 잡을 수 없이 많이 흘렀다. 박사과정 다니며 학위논문을 지도받으러 영국의 모 대학에 가족과 함께 출장을 다녀오고, 88올림픽, IMF 경제위기, 자녀 교육 등등으로 정신없이 지나갔다.

2000년에 들면서 우리 대학 원양실습선에서 학생지도를 담당하고, 대학의 '실습 과장' 보직을 맡았다. 그해 8월, 제주대학교의 주관으로 '전국 해양수산 실습과장 회의'가 열려서 그 대학으로 출장을 갔다. 7개 대학 실습과장 회의를 마치고 저녁 식사 후 그 대학 과장의 안내로 뒤풀이가 있었다. 그 과장은 단골로 가는 참치 횟집의 사장님을 불러 도움을 구하겠으니 함께 자리를 갖자고 한다.

잠시 후 들어선 사람은 라스팔마스의 그 선장이었다. 다른 대학의 교수들이 참석하였으니 태연한 척했다. 그 선장도 움찔한 표정을 지었다. 그와는 세 번째 만남이었지만, 서로 눈인사를 나누었는데 잠시 후 그 횟집 사장은 급한 일이 있다며 슬쩍 나가버렸다.

서로 아는 척을 제대로 하지 못하고 헤어졌다. 참으로 피할 수 없는 인연이었구나 하는 생각이 들었다.

스물네 살의 첫 만남 이후 이십오 년에 걸쳐 세 번을 만난 것이다. 처음은 선장으로 길게 모셨고, 두 번째는 우연한 곳에서 집까지 방문한 짧은 만남이었고, 세 번째는 교수를 접대하는 횟집 사장으로 만났다. 그래서 그런지 세 번째는 스스로 자리를 피하였다는 생각이 들었다. 왜 그랬을까? 두 번째 만났을 때 자신이 돈이든 명예든 둘 중 하나는 있어야 한다고 했던 말 때문일까? 그는 돈을 많이 벌었을 텐데, 지금 와서는 돈보다 명예를 더 중하게 여겼을까?

그때 이후 아무런 생각 없이 지금까지 그 만남을 잊고 있었다. 아니 솔직히 말하면 한두 번 생각은 해보았다. 그 대학교수에게 물으면 알 수 있기 때문이다. 그런데 지금은 너무 늦었다. 그 선장도 칠순을 넘었으니 어떤 형편인지 알 수 없다.

수소문하여 만나봐야 하는데 그렇게 못한 것이 후회스럽다. 사람이 한평생 살아가면서 한 번 만나고 두 번 다시 못 만나는 사람도 너무 많다. 젊은 시절 어로작업 어선을 세 척 갈아타면서 첫 선박은 1등 기관사만 우연히 어린이 풀장에서 만났고, 세 번째는 어느 한 사람도 만난 적이 없다.

그런데 두 번째의 라스팔마스 선장은 세 번이나 만난 것이다. 유명한 금아 피천득 선생의 인연이란 책에서 '인연'의 글을 보면, 첫 만남 이후 시간이 지난 다음 자신이 다시 찾아가서 세 번 만났다고 한다. 그 선장의 만남은 찾아가서 만난 것이 아니고 우연한 만남의 연속이었다. 이것은 우연을 넘어 피하지 못할 필연이 아니겠는가?

그래서 '필연적 인연'이라고 말하고 싶다. 이제 네 번째 만남은 수소문하여 찾아가서 활짝 웃으면서 만나고 싶다. 그 옛날 아프리카 어장의 전쟁 중에 용케 살아남은 전우답게.

제3부
난공불락의 신 어장개척

⚓ 적도 너머 마안한 섬나라를 찾아서

바다는 넓고 깊으며, 그리고 변화무쌍한 곳이다. 그러나 하늘보다 헤엄치기 나은 곳이다. 하늘은 3차원적이지만 바다는 2차원적이기 때문이다. 그렇지만 바닷속에서 황금 보화를 발견하고 캐내는 작업은 3차원을 넘어서 운칠기삼運七技三이다. 그러니 누구나 한 번쯤 도전장을 던질만한 곳이다. 기술보다 운이 70%나 되니까.

그런데 바다 생활에서 기껏 2년도 채 되지 않은 시점에, 운칠기삼의 행운을 배우기도 전에 바다에 출입제한의 표지가 붙었으니 그것이 소위 '배타적 경제수역EEZ'이다. 해양 강대국들이 자국 연안으로부터 대륙붕 사면의 200해리까지 자원생물보호막을 친 것이다. 빈익빈 부익부貧益貧 富益富란 말이 떠오른다.

이런 막을 치기 위해 국제회의에서 거론된 내용이 뉴스를 타기 시작한 1975년에는 우리나라 4년제 대학에 유일하게 존재한 '어업학과'도 동시에 입학 성적이 내리막길로 접어들었다. 삶의 여정에서 앞날의 험난한 그림자를 보는 것 같은 예감이 들었다.

그런 중에도 K원양어업회사 소속 '금강산호(740톤)'는 홋카이도 연안 어장에서 상당한 조업 성과를 내었다. 하지만 홋카이도 연안 양식 어민의 숱한 데모와 일본 정부의 강력한 항의에 못 이겨 1978년 말 조업을 중단하고 말았다.

그래도 달리던 말을 멈추게 하기는 아쉬워서 수산청(현, 해양수산부)의 교섭과 회사의 지령으로 뉴질랜드 근해에 도전장을 던진 것이다. 이미 남빙양의 크릴새우 어장에서 시험조업을 마친 대형 트롤어선 '남북호(5,449톤)'가 입항한 닷새 후에, 우리는 부산항을 출항하였다. 그때가 1979년도 2월 중순이다. 그 도전장에 몸을 실어 1등 항해사란 이름으로 급하게 승선하였다. 아프리카 어장에서 중도에 하선한 지 1년 만이다. 몸부림쳐봐도 벗어날 수 없는 현실을 직시하면서 배운 게 도둑질이란 말처럼 순응한 것이다.

북태평양 바다의 대형어선 개양호(3,500톤급)에서 1등 항해사로 다년간 근무한 4년 선배가 선장이었다. 그런데 선장도 항해사도 뉴질랜드 어장에 관한 정보는 없었다. 이런저런 이유로 같은 회사 소속 우평호(700톤급)와 선단을 이루어, 두 척은 남쪽으로 배를 몰아 마안한 미지의 어장개척을 위해 북태평양에서 남태평양의 바다로 향하였다.

동지나해에 진입하고 타이완을 거쳐 필리핀 섬들을 지나면서, 적도를 향해 내려갈수록 섬은 잘 보이질 않아 레이더로 물표를 잡지 못해 선위船位를 구하기 어려웠다. 레이더 영상으로 연안 섬들의 물표를 잡지 못하면 천문항법으로 선위를 찾아서 적도를 넘어가야 한다.

적도는 문턱이 없는데도 처음 가는 우리에게는 문턱이 높았다. 좁은 여울목과 같은 수로길이었다. 다름 아닌 천문항법으로 위치 내는 것이 문턱이었다. 선속은 어선이라 약 10노트(약 5m/sec) 전후로 해류의 흐름에 반응하며 엉금엉금 기어가듯 했지만, 자선의 위치를 모르면 눈뜬 당달봉사와 다름없다. 요즘이야 GPS 위성항법으로 세계 어느 해양에서도 해상의 물표 없이 자선의 경위도 위치를 쉽게 알 수 있다.

남쪽 하늘은 호화찬란한 별들의 꽃으로 만발한 천국이었다. 그렇게 숱한 별들이 많은 줄 미처 몰랐다. 해서 학교에서 배운 천문항해학天文航海學이란 책을 꺼내어 읽고 실전에 적용하면서, 선장과 함께 색성판(starfinder, 별이 새겨져 있는 원형판)으로 아침저녁의 박명 시에 큰 별 3개와 낮에는 태양을, 육분의(sextant, 물표의 고도와 협각을 측정하는 기기)로 재기를 거듭했다.

시야에 들어온 뚜렷한 별들을 정하여 육상 물표처럼 방위와 고도를 측정하는 것이다. 천측력(천체관측을 위해 천체 현상을 예상하여 만든 책)의 고도계산법 등으로 위치선을 해도에 그어서 교차시켜 위치를 구하였다. 천측도 자꾸 하니 연안 물표의 관측처럼 신속하게 위치를 낼 수 있게 되었다.

바다는 북태평양과 달리 조용한 얼굴을 하고 있었고, 지나가는 고래 떼는 기웃거리며 상어들은 유혹하고 있었다. 저들은 텃세라도 하듯 방해를 하였다. 우리는 엔진 소음을 물 위의 거품처럼 남기고 계속 새벽을 깨우며 달렸다. 바람은 거의 없으나 고온의 적도 해류는 무역풍의 영향으로 항적航跡을 자꾸 서쪽으로 조금씩 밀어내고 있었다.

적도를 넘을 때, 옛날 시대 같으면 적도제를 올려야 하지만 그럴 겨를도 없이 다가올 미지의 바다를 머리에 수놓았다. 솔로몬 제도를 지나 며칠을 항해하여 터덕거리며 뉴질랜드 북섬의 끝을 레이더로 잡았다.

그 옛날 네델란드 탐험가 '아벨 타스만'이 1642년 뉴질랜드를 처음 발견했을 때, 당시의 감격은 어떠했을까?

뉴질랜드의 북섬을 지나고 남섬의 북단에 자리한 수도 웰링턴 항을 찾았다. 천연 항구로 출입구가 좁아 마치 진해항의 축소판 같았다. 항의 입구에서 웰링턴 무선국을 불렀다. "Wellington Harbour Radio? This is Kumgangsan, Korea." 두세 번 불렀다. 여기 한국 어선 '금강산'이 왔다고. 부산항을 출발하여 약 25일 정도의 긴 항해를 마치고 정오가 넘어서 입항하니 감개무량하였다.

우리 배는 땅이 아닌 바다의 어족자원 탐사를 위해 여기 온 것이다. 출입국 직원의 인원 점검, 세관 검색과 검역 등의 입국 수속 절차를 마쳤다. 소위 CIQ(customs, immigration & quarantine)를 무사히 통과한 것이다. 특히 검역은 배의 구석구석을 조사하였고, 입국심사 이민국 관리들은 전형적인 영국식 발음으로 잘 알아들을 수 있었다. 배운 도둑질을 손절매하고 육상취업을 위해 읽어 본 'English 900' 덕분에.

조용한 남쪽의 백인종 나라, 뉴질랜드에 우리 어선들이 입항하자 다음 날 신문에 크게 보도되었다. 우리 같은 외국 어선의 입항이 흔한 일이 아니었기 때문이다. 그만큼 그들은 우리처럼 큰 어선으로 고기를 잡아서 생활하지 않아도 여유를 가지고 사는 부유한 국가였다.

그러나 우리는 비빌 언덕을 찾아서 적도를 넘어 남반구에 자리

한 미지의 새로운 땅, 섬나라 뉴질랜드를 처음 찾아온 것이다. 우리에게는 새로운 땅이요, 신 어장개척의 땅이다.

☸ 조용한 저녁의 도시, 웰링턴

　뉴질랜드의 수도 웰링턴에 도착하여 어장탐사 조업을 위해 출항 준비를 하는 동안, 웰링턴 시내 중심가를 탐방해 보았다. 상점은 1, 2층 정도로 낮고 주로 목조건물이 많으며 다양한 물건을 팔고 있지는 않았다. 뉴질랜드의 수도로서는 너무 한산한 느낌이다. 뒤에 알았지만, 이 나라는 북섬과 남섬의 화합을 위해 1865년 북섬의 오클랜드에서 이곳으로 수도를 옮겼다고 한다. 인구가 20만명을 겨우 넘는, 뉴질랜드에서 두 번째 큰 도시이다.

　낯설지만 시내에 십 분쯤 걸어 다니다 보니 극장이 하나 있었다. 거기 젊은이들이 좀 보였다. 극장 2층에서 우리 일행을 쳐다보며 소리 질렀다. "와, 동양인이다!" 동양인을 처음 보는 듯 매우 신기한 표정으로 우리를 쳐다본다. 저들이 우리를 원숭이 보듯 하지만, 우리가 쳐다보니 저들이 극장 속의 원숭이 같았다. 아무튼, 동양인을 좀처럼 볼 수가 없는 나라였다.

　그때까지도 유색인종의 이민 정책은 없었고 오직 결혼을 통해 그 나라에 정착할 수 있다고 한다. 지금은 한 친구가 오래전 뉴질랜드에 이민 가서 살면서, 한국과의 수산물 교역과 수산물 유통업에 종사하고 있다. 그 친구 역시 젊었을 때, 이곳 어장을 개척하며 조업한 적이 있다.

또, 부두에는 작은 어선들이 몇 척 보였다. 가까이 가보니, 배의 크기가 5~10톤 정도로 작고, 우리나라 어선보다 구조는 단순하고, 깨끗한 것으로 보아서 자주 고기를 잡으러 가지 않는 듯했다.

저녁 6시쯤 되니 거리의 상점들은 대부분 문을 닫았다. 더 이상 저녁 시간에 다닐 수가 없는 거리였다. 조용한 저녁의 도시란 생각이 든다. 바람이 많이 불어 구름이 다큐멘터리를 감듯 빨리 지나가는 '바람의 도시'라고 들었지만, 그 당시 본 기억의 하늘은 바람이 없는 '조용한 저녁의 도시'였다.

첫 조업으로 만선을 하여 웰링턴을 기항지로 삼아 입항하였다. 하루를 지난 다음날, 1등 항해사를 찾는다는 사람이 왔다. 그는 한국인이었고 작은 키와 보통의 체구를 가진 중년 남자였다. 월남전에서 물자수송에 종사하는 군속으로 근무한 크리스천이다. 월남이 패망하자 이곳 뉴질랜드로 귀화하였다고 한다. 한국 선박과 선원들이 왔으니 너무 반가웠다며, 주일날 교회에 갈 사람을 파악해

달라는 것이다.

그래서 우리 배를 구경시켜 주며 한국 차를 대접하였다. 교회에 예배드릴 선원 수가 확정되면 자동차를 준비하여 예배시간에 맞추어 교회로 태워갔다. 웰링턴항에서 맞은 편 북쪽의 'Lower Hutt'란 도시에 있는 'Common Wealth Church'란 교회이다. 뉴질랜드 현지인들이 먼저 예배를 드리고, 우리는 뒤에 예배를 드린 후 옆방으로 옮겨 다과회를 열어 주었다. 낯설은 이국땅에서 우리를 환대해 주는 한국인이 있으니 참 고마웠다.

한편 선원들은 상륙비를 받고 시내의 여기저기를 기웃거렸다. 함께 따라가 보았다. 그런데 조그마한 원룸 같은 건물 앞으로 지나가니 건물의 여기저기 방에서 우리를 보고 말을 걸며 손을 흔드는 젊은 여성들을 보았다. 그리고 바로 뛰어 내려와 선원들에게 손짓으로 말을 걸어왔다. 처음에는 사창가인 줄 알았다. 알고 보니 젊은 처녀 과부만 살도록 시 당국에서 집단으로 모아서 거주하게 하는 아파트였다.

이렇게 해서 알게 된 선원들은 그들을 대접하기 위하여 우리 배로 데리고 왔다. 처음에는 아무도 못 들어오게 출입하는 갱웨이(배와 육지 사이의 통로용 트랩)를 막았지만, 꼬마애들을 데리고 와서 할 수 없이 배를 구경하게 해주었다. 나이를 물어보니 그 과부들은 20살 미만의 미혼모였고 국가에서 케어하며, 외국에서 온 우리 배를 신기하게 여겼다.

별 보여줄 것도 없지만, 할 수 없이 선내를 안내해 주었다. 그리고 생선회를 만들어 주기도 했다. 그랬더니 그 다음은 더 많은 젊은 과부들이 몰려들어서 애를 먹었다. 어쨌든 동양인에 대한 호기심이 많았다. 들리는 말에 의하면 한국 선원 중에는 그곳의 과부와 결혼하여 사는 사람도 있다고 한다.

세 번째 웰링턴에 입항한 날, 그 한국인과 함께 또 다른 현지인으로 나이 드신 한 분이 찾아왔다. 그날도 선내 마이크로 알리고, 교회 갈 인원을 파악하여 알려주곤 했다.

그 현지인의 이름은 'Ken Salt'란 분이며, 특히 언어소통이 가능한 나에게 관심을 가지고 별도로 웰링턴 근교의 여러 곳을 구경시켜 주었다. 주로 시내가 내려다보이는 조용한 언덕길을 운전하면서 녹음테이프를 틀듯 성경 이야기를 계속 들려주었다.

그 언덕길의 양측에는 1, 2층의 목조주택이 늘어서 있었고, 어떤 집은 허물어져 있는 그 옆에 다시 집을 지어서 사는 모습을 볼 수 있었다. 조용한 도시 웰링턴에 호기심이 생겼고, 입항할 때마다 이 분이 오면 차를 타고 자주 구경을 다녔다. 대신 그분은 성경 말씀을 들려주고. 이렇게 하여 웰링턴에 입항하여 얻었던 즐거운 시간은 메모리칩에 추억의 갈피가 되어 꽂혔다.

마지막 한 항차를 남기고 귀국길에 오르기 전, 아쉬운 석별의 정을 나누기 위해 그 현지인을 마지막으로 만나는 시간이 있었다. 그동안 정이 들었는데 배에서 잡은 고기도 한 펜 드리지 못하였다. 그분도 달라는 말을 하지 않았다. 그래도 한국으로 가면서 무엇인가 또 하나의 추억을 만들고 싶은 마음으로, 그리고 응당 해주리라는 기대감을 걸고 염치불구하고 영어 성경책을 선물로 주면 어떻겠는가 하고 물어보았다.

다음 날, The Bible이란 성경책을 가져왔다. 책의 안 표지에 "To KJH with Christian love, from Brother K. Salt, Lower Hutt. 22.10.79."라고 쓴 것을 읽어주며 건네주었다. 감사하면서 받았다. 그분은 크리스천으로 만들겠다는 전도용으로 주었는지는 모르겠다.

펼쳐보니, 영국 옥스퍼드에서 1954년에 출판되어 1958년 10쇄로 나온 것이고 요즘 한글판 성경책처럼 '창세기부터 요한계시록' 순으로 된 것이다. 각 권 안에는 이해하는 데 도움을 주는 흑백의 그림들이 2, 3쪽에 하나 정도 삽입되어 있다. 정말 그리스도의 사랑으로 선물해 주어서 너무 고마웠다. 잘 읽어보려고 곳곳에 노란 은행 나뭇잎을 넣어두었다. 새해가 되면서 한국으로 귀국한 뒤에도 서로 편지를 몇 번 주고받았으나 언젠가 소식이 끊겼다.

지금도 그 성경책을 한 번씩 펼쳐보면서, 그분이 사는 'Lower Hutt'에 찾아가 봐야겠다는 생각만 되풀이한다. 강산이 네 번이나 바뀐 지금, 그분은 하늘나라에 계시리라 믿는다. 옛 발자취를 따라 언젠가 저녁이 조용한 수도, 웰링턴을 다시 한 번 가보고 싶다.

☀ 난공불락의 신 어장개척

'금강산호'는, 신 어장개척의 꿈을 꾸며 25일의 항해 끝에 뉴질랜드 웰링턴항에 도착하였다. 근해어장 조업을 위해 준비된 주변 항박도와 연안항해도를 세밀히 살피며 어장도를 만들고, 필요한 선용품으로 기름과 식료품, 청수 등의 선적을 마쳤다. 어장에서 조업할 출항 준비를 완료한 것이다.

뉴질랜드 근해어장을 찾아서 첫 조업을 시작한 때는 3월 말이다. 남반구에 속한 이곳은 여름이 끝나고 가을로 접어든 지도 한 달이 되어간다. 기온은 20도 전후로 따뜻하고 해상 날씨는 잔잔한 파고가 이는 가을 바다였다. 아직 EEZ를 선포하지 않은 국가로 12해리 밖에서 조업할 수 있었다. 우선 북섬의 근해어장을 탐색하며 조업을 시도하였으나, 근해어장의 어류는 다양하지 않았고 값진 고기는 잘 잡히지 않았다.

그러다가 유월의 겨울로 접어드니 뉴질랜드 어장은 해상 날씨가 북태평양보다는 덜하지만, 잦은 파랑으로 피항하는 때가 많았다. 조업이 제대로 되질 않았다. 저기압의 그룹이 닥치면 파고가 3m 이상으로 높아 조업할 수 없어서 1~2m 정도로 낮아지기를 기다리며 저속으로 피항한 때가 자주 있었다. 심지어 일주일씩 저기압이 계속 밀려올 때는 피항하면서 브리지에서 당직을 서고 계속 커피를 벌컥벌컥 마시며 견뎌야 했다.

그런데 우리와 같이 조업하는 '우평호'는 그런 파고에서도 조업을 계속하고 있었다. 우리는 걱정을 했지만, 그 배는 파도를 타며 어획을 강행하는 것이다. 이런 현상이 한두 달 지나니 두 선박 간의 어획량이 차이를 보였다.

서울 본사에서는 우리에게 전보를 자주 보내어 우평호보다 엔진 마력이 커서 큰 그물로 조업하는데, 같은 어장에서 왜 어획량이 적은지를 자주 물어 왔다. 우리 배는 대답이 궁했다.

사실 어선은 선장의 어획 능력에 따라 평가를 받는 것이다. 같은 어장에서 조업하는 다른 배와 비교하는 것은 당연하다. 그런데 선원들은 선장의 오더를 받아 조업할 수밖에 없으니 참으로 답답했다. 어떤 때는 우리 배 옆으로 지나가며 조업하는 우평호를 보고도 날씨 탓으로 돌리고 조업을 않는 경우가 더러 있었다. 참 안타까운 마음뿐이다.

심지어 이런 생각도 들었다. 우리 선장은 북태평양 파도 밭에서 사고로 고생하여 파도만 보면 두려움이 앞서는 '파도 트라우마'에 걸린 상태가 아닌가? 우평호 선장은 전문대 출신으로 경력을 쌓아 선장을 하고 있으니 나이가 갓 이십 대 후반이었다. 젊은 나이라서 과감하게 파도의 위험에 도전한 것일까?

그렇게 어렵게 어획을 하여 만선을 하면 운반선에 어획물을 실어 한국으로 날랐다. 선박에 필요한 식료품이나 기름 등이 모자라면 웰링턴항에서 조달한다.

그러던 시월 중순 너머 또 웰링턴항에 입항했을 때, 정박 중 한국 역사에 길이 기억될 '10.26 대통령 저격 사건'이 뉴질랜드 신문에 보도되었다.

기사의 제목은 'CIA(중앙정보부)의 개입으로 박 대통령이 총에 저격당하다.'라고 나와 있다. CIA로 표기되어 있어 처음에는 미국의 CIA인가 하였다. 그런데 자세히 읽어보니 한국의 중앙정보부가 일으킨 사건이다. 마음이 착잡했다. 그러다 보니 외국에 나왔지만, 우리 선박도 분위기가 어수선한 것 같았다. 고국에 어떤 일이 또 일어나지 않을까 하는 걱정이 앞선다.

남반구의 봄은 지나가고 여름의 문턱 12월로 접어들었지만, 고기를 잡는 이곳 어장은 길고 검은 꼬치고기 같은 어종(새꼬리 민태로 남방 대구라고도 함)이 주된 것이었다. 물론 계절에 따라 오징어류, 검정 통삼치 등도 어획하였다.

뉴질랜드 북섬의 근해는 호주의 남단과 비슷한 위도로 남위 40도 전후에 위치하여 수심이 깊으며 어장 형성도 잘되지 않고 게다가 험악한 날씨까지 겹치니 좋은 어장이 되지 못했다. 동일한 위도라도 북반구보다 남반구의 해상은 더 거칠었다.

어쨌든 잘 모르는 값싼 고기라도 많이 잡질 못했다. 그러면 남섬의 근해어장은 어떨까 하는 생각도 해보았다. 남섬의 기상은 북섬보다 더 거칠어 그럴 수도 없었다.

결국, 회사는 우평호와 함께 '뉴질랜드 어장을 철수하고 부산으로 회항하라'는 전문을 보내왔다. 아무래도 선박의 손익분기점 이하로 적자가 누적된 것이리라. 그리고 사주는 고국의 정치 상황을 고려했을 것이다. 아무튼, 우리는 패잔병 같은 느낌으로 보따리를 쌌다. 1년 6개월의 어로 계약 기간을 채우지 못하고 부산에 입항한 날은 출항한 지 꼭 1년 5일이 지난 2월 하순이었다.

EEZ로 인해 어장의 활로가 막혔으니 위험을 무릅쓰고 도전하였지만, 미지의 바다에서 어업성이 있는 어장을 새롭게 개척한다는 것은 '맨땅에 헤딩하기'와 같았다. 신 어장개척이란 참으로 어려운 것이다. 난공불락難攻不落의 성을 보는 듯하다.

승선 생활은 운칠기삼이라 했듯이, 항해사는 선장이 어획고를 많이 올릴수록 차기 선장으로 발탁될 가능성이 높지만, 그렇지 않으면 동반 하선할 수밖에 없다. 그 후, 금강산호는 다시 옛날처럼 홋카이도 주변의 먼 어장에서 경험 많은 옛 선장에게 이끌려 조업을 하게 된다는 소문이 들렸다.

80년 봄, 금강산호 1등 항해사의 경력으로 운 좋게 K 원양어업 회사 서울 본사의 수산1부(원양 트롤부) 과장 대리로 입성하였다. 회사 근처의 안국동에서 하숙생으로 자리를 잡은 것이다. 여태껏 대학의 전공을 따라 승선이라는 옷을 세 번 갈아타면서 옷을 몸에 맞추려고 3년 넘게 이런 고비 저런 고생을 하며 보냈다.

이제 수입은 적지만, 마음이 편한 옷으로 갈아입었다. 난공불락의 어장개척은 실패했지만, 서울 입성은 성공한 것이다.

그러나 광주사태가 일어나 서울의 광화문 저녁은 소등으로 어두웠다. 그해 봄은 최근에 유행한 영화 '서울의 봄'처럼 내 마음도 희비가 엇갈리는 봄, 해상에서 육상으로 올라와 새로운 옷을 갈아입은 봄이었다.

⚓ 첫 원양실습 상륙지, 오사카

당시는 대학 4학년이 되면 장기간의 원양실습을 해외로 가게 된다. 큰 배를 타고 항해기술을 익히며, 외국 항구에 대한 입출항 수속 절차, 북태평양 바다의 어로 실습 등을 주로 경험한다. 2, 3학년 때 승선한 연근해 실습의 경험을 바탕으로, 마안한 미지의 바다를 항해하는 것이다.

그러다 보니, 원양승선실습은 우리 학생들에게 있어 심리적으로 들떠있고 긴장되기도 한다. 지금은 고등학교 때 해외로 수학여행을 가지만, 그 당시는 멀리 간다는 게 고작 제주도행이었기 때문이다.

게다가, 학생들에게 실전과 같은 실습을 하고 선박에서 먹고 자고를 하니 하숙이나 자취하는 비용을 줄이는 효과가 있다. 그리고 외국에 입항하면 항구에 들릴 때마다 국가에서 상륙비를 지급하고, 단체 실습복도 제공해 주니 좋았다.

대학은 원양실습으로 해외에 가면, 학생실습의 안전과 대학의 위상을 높이고 국위선양이란 명분으로 대형 실습선이 필요하다. 그 덕분에 북태평양 실습을 가기 위해 1974년에 수산진흥원의 '오대산호(1,126톤)'를 인수하였다. 300톤급의 백경호를 대신한 것이다.

그리하여 원양실습은 4학년 후학기에 해당하는 8월 말부터 10월 말까지(62일) 우리 동기들 57명, 지도교수 2명과 함께 부산항을 출항하여 꿈에 부푼 해외로 떠났다. 첫 입항지는 일본 오사카항이다. 오대산호를 타고 난생처음 일본에 입항한 것이다.

부두에 접안하여 상륙하니 오사카 총영사(CIJ) 일행이 기다리고 있었다. 우리 학생들은 실습복 차림으로 부두에 도열(堵列, 많은 사람이 죽 늘어 섬)하여 총영사의 환영 인사에 답했다. 오사카는 일본에서 한국교포가 제일 많지만, 북조선의 조총련 사람들도 많이 산다는 곳이다. 나중에 알고 보니 총영사는 함안의 고향 출신이었다.

당시는 외국 항을 입출항하면 선원수첩을 발급받아 요즘의 비자를 대신하였고, 외국으로 가기 전 '소양 교육'을 받아서 외국에서 일어나기 쉬운 간첩행위와 밀수 방지 등등을 몇 시간씩 교육받고 출국한다. 특히 외국에 상륙하면 외출하기 전 주의사항과 귀선 시간 내에 승선하고, 다닐 때는 삼삼오오 모여서 행동하라고 요구

한다. 실습생도 예외는 아니다.

우리 학생들은 나흘 동안 부두에 정박하여 외출하였는데, 첫날은 입항 수속을, 둘째 날은 오사카성 등을 견학하며 시내를 둘러보았다. 견학 중 단체 실습복을 입고 외출하였다. 외국 항에 들러 영사관 또는 대사관 방문과 버스로 단체 행동하며 관광지를 구경할 때, 우리를 보는 교포들은 "어디 고등학교 학생들이 수학여행을 왔는가?" 하며 묻기도 해서 기분이 좋지 않았다.

오사카성은 성벽을 돌로 쌓아서 높게 둘러싸여 있고, 외부의 침입을 이중으로 막기 위해 주변에 호수를 만들어 요새화되어 있었던 기억이 난다. 그리고 성안의 천수각은 박물관이 되어 있었고, 지붕이 몇 겹으로 쌓아 올려져 있어 얼핏 보니 일본 사무라이 복장과 닮아서 요란스럽게 보였다.

오사카에서 가장 인상 깊은 것은, 고가도로가 교차하는 다리 밑의 빈터에 버려진 자동차가 눈에 띄었고, 또 부두 옆이나 길거리의 인도 주변 등에는 동전용 자판기가 군데군데 설치되어 있었다. 쉽게 음료수 등을 사 먹을 수 있는 시설을 처음 보았으니, 당시로는 상상하지 못한 광경이었다. 자판기 천국이다.

오사카에 오기 3년 전인 70년대 초만 해도 우리나라는 흑백 TV가 몇 집 걸러서 한 대씩 있었다. 그때 유행했던 <여로旅路>란 드라마가 방영되는 시간에는 이웃 사람들이 TV가 있는 집으로 몰려가서 함께 보며 좋아하는 모습을 보았다.

그런데 이미 이곳은 기술이 발전하여 경제 대국으로 자리 잡아 선진국 대열에 진입한 것이다. 며칠간의 시내 구경을 하면서 일본 오사카는 우리와 비교가 안 되는 별세계別世界임을 실감하였다.

또한, 우리에게 전자제품의 인기가 폭발하여 카메라, 녹음기, TV 등에 관심이 많았고 그로 인해 싼 중고제품 시장을 기웃거렸다.

그러다 보니 한국에 귀국할 때, 세관검열에 대비하여 학생들이 외출하여 귀선하면 갑판에 줄을 서서 인원 점검 후 한 사람씩 소지품 검사를 지도교수로부터 철저하게 받았다. 중고 카메라를 사온 학생에게 머리를 쥐어박고, 심지어 카메라를 갑판 바닥에 내동댕이치기도 했다. 그래서 원성이 자자藉藉했다.

출항하기 전날 밤에는 학생들이 단체 스트립쇼를 구경하기 위해 외출하였다. 이런 것이 있다는 게 또한 별세계였다. 그날 밤, 나는 우리 할머니의 남동생 부부가 실습선에 오시기로 연락이 되어 있어 외출하지 못했다. 침실에 남아서 부두 현관의 당직 선원이 불러주기를 고대하고 있었던 것이다.

그런데, 저녁 내내 소식이 없다가 학생들이 귀선하는 저녁 9시 반쯤 되어서 지도교수가 불렀다. 이미 아버지의 외삼촌인 송전(松田, 마쓰다) 외할아버지 부부가 다녀갔다고 한다. 한국의 성은 송宋씨였다. 지도교수는 학생들이 간 그 쇼에 함께 간 것으로 알고 있었기 때문이다.

가져오신 선물은 양복 2벌, 일본 돈 2만엔, 그리고 여러 가지의 과자 종류였다. 참 고마웠는데 만나지 못하여 아쉬웠다. 물론 외출하지 않고 배에 남아 있다는 것을 말하지 않았으니 할 수 없었다. 사실 그때는 학생이라 감히 외부에서 오시는 친척 이야기를 하기가 어려웠다. 그리고 출항하는 날, 그 할아버지 부부는 부두에 나와서 전송해 주었다. 낯선 일본에서 친척이 왕림해주었으니 참 기쁘고 고마웠다.

원양실습을 마치고 고향의 할머니를 만나니 이런 이야기를 들려주셨다. 오사카 그분은 우리 할머니의 이복동생이고, 몸집이 크고 우락부락하여 어릴 적에 동네에서 골목 대장을 하고 공부를 제대로 하지 못했다고 한다. 그러다가 청년이 되어 일제 강점기에 일본으로 건너가서 열심히 노동하며 일본 아내를 얻어서 일본인으로 귀화하여 산다고 한다. 그 이후 자동차의 차축을 생산하는 공장을 두세 개 인수하고 성공하여 잘살고 있다는 것이다.

그 할아버지를 오사카에서 만난 이후 한국의 고향에 자주 왕림하셨다. 그때 한 번씩 만나 뵌 적이 있다. 콧수염을 길러 일본인 같았다. 그런데 실습 때 오사카에서 만난 그 교수 이야기를 조심스럽게 꺼낸다. 오래된 이야기로 "자네도 졸업했으니 들어보게" 하셨다. 서투른 우리 말로 이렇게 말씀하셨다.

그때 자넬 만나러 갔다가 그 교수를 만났고 교수는 일본어도 잘해서 서로 인사를 했는데, 내가 여기서 자동차 부품 등을 생산하는 공장을 하고 있다니까 자기는 어떻게 구매할지 잘 모르니 실습선에 필요한 기관 부품을 구해달라고 했다는 것이다. 그래서 출항 전에 구해서 주었고 크게 비싼 것이 아니라서 그냥 기증하였다고 한다.

그런데 두 달쯤 후에 영수증을 보내 달라는 요청이 와서, 어이가 없었고 기증하였으니 영수증을 끊어줄 수 없다고 하였다며, 이런 이야기는 자네만 알고 있으라고 하였다.

그 이후도 오사카 할아버지는 자가용 차를 몰고 여러 가지 선물을 가지고 우리 시골에 자주 오셨다. 그때만 해도 일본에 친척이 있는 시골 사람들은 여러 가지 선물들을 받는 집들이 더러 있었다. 우리도 선물을 자주 받았다.

그런데 예순이 넘었을 때, 일본 할머니가 돌아가셔서 우리 시골 친구의 누나와 재혼하여 오사카에서 아들을 낳았고, 그 아들은 한국의 모 대학 교수가 되었다고 한다. 세월은 흘러서 그 할아버지는 돌아가셨고, 대학에 재직하면서 학생실습 지도교수로 오사카에 여러 번 입항했지만, 그 자손들과는 내왕이 없어서 그분과의 연은 끊어진 지 오래되었다.

지금부터 거의 오십 년 전이면, 외국에 아무나 갈 수 없는 시절에 실습선을 타고 오사카에 처음 가보았고, 그 별세계를 체험했으니 그 기억의 갈피가 여전히 남아 있다.

이제 우리나라도 그와 같은 경제발전을 이룬 모습을 볼 수 있으니, 무엇보다도 이웃을 잘 만나면 복이라고 했던가?

아무튼, 첫 외국 나들이를 커다란 실습선 호텔에서 공짜로 오사카의 별세계를 구경하고, 외할아버지를 만나 선물까지 받았으니 첫 원양실습 상륙지, 오사카는 오래 기억에 남는다.

⚓ 선상의 단식 투쟁

원양승선실습을 시작하고, 첫 항구로 일본 오사카에 입항하여 시내 가볼 만한 곳을 잘 구경한 후, 출항하여 일본 동해 연안을 따라 북태평양 캄차카 어장에 도착하여 어로 실습을 시작하였다.

그런데, 5일쯤 조업한 후 프로펠러 스크루의 고장으로 갑자기 부산항으로 귀항하게 되었다. 수리조선소에 상가하여 검사결과, 스크루 블레이드 두 개가 어떤 장애물에 부딪혔는지 많이 구부러져 있었다. 파도치는 북태평양에서 유빙 등으로 인한 손상인 것 같다고 한다. 열흘의 수리를 마치고 다시 북태평양으로 조업실습을 떠났다. 물론 그 수리 덕에 그해의 추석은 모두 집에서 가족과 함께 보낼 수 있었으니 불행 중 다행이었다.

오대산호는 그때까지만 해도 우리 대학의 실습선 중에서 가장 큰 배였기에 자부심이 컸지만, 막상 캄차카 어장에 가보니 넘실대는 풍랑에는 감당하기 쉽지 않았다. 그러니 웬만한 파도에도 배가 자주 춤을 추고 있었다. 그런 와중에 젊은 선장의 경험 부족으로 전문 조업 어선들과는 비교되지 않을 정도로 어획 능력이 떨어졌다. 심지어 예망 중 전개판이 넘어져도 인식하지 못하고 끌고 다녔다.

게다가 연근해 실습 때와는 달리 북태평양의 파도치는 날씨에 견디기 어려워 멀미하는 학생들이 많았다. 심지어 승선하자마자 처음부터 부산 귀항하는 날까지 멀미하는 학생도 몇몇 있었다. 잡은 명태를 팬에 담는 것도 경험 없는 실습생들은 흔들리는 배 안에서 쉬운 일이 아니었다.

또, 항해 실습을 위해 브리지에서 실습항해사로 조를 편성하여 정해진 시간에 맞춰 낮이고 밤이고 상관없이 브리지 당직을 서야했다. 그리고, 브리지와 학생침실 계단을 오르내릴 때도 구름 가운데 걷는 기분으로 발을 헛딛는 일도 발생했다.

그런데, 그렇게 힘든 조업실습을 하여 계획된 실습일정을 마쳐야 하는 날이 지났지만 계속 조업을 강행하고 있었다. 그 스크루의 고장이 화근이 되었고, 그로 인한 부족한 조업일수를 채워야 한다는 것이다.

그러나 학생들은 동요하기 시작하였고 부산으로 귀항할 것을 의논하며 건의하였으나 묵살되었다. 학생들은, "고기 잡으러 온

작업선도 아닌데 왜 실습 기간을 연장하는가?" "누구를 위한 어로 조업인가?" 하면서, 단식하기로 결의하였다. 또 다른 이유는 오사카에서의 주먹다짐, 카메라 투척 사건으로 인한 불만도 한몫했을 것이다.

모두 브리지 당직 실습과 처리실의 고기 담는 일을 그만두고, 각자의 침실에서 커튼을 치고 누운 자세로 식음을 끊었다. 한 끼를 끊고 나니 P 1등 항해사가 학생들 침실로 찾아와서 식사하도록 독촉했다. 출렁이는 파도는 우리를 일어나라고 투덜대는 것 같기도 했다.

그래도 아무도 침실에서 일어나지 않았다. 하루가 지났다. 세 끼를 굶으니 배가 너무 고팠다. 물을 벌컥벌컥 마시는 학생들도 더러 있었다. 이번에도 그 1등 항해사가 침실로 와서 식사할 것을 독촉했다. 여기서 큰일이라도 생기면 안 되니 식사는 하라고. 곧 부산 간다며 달래었다. 몇몇 학생들은 집에서 가져온 간식(미숫가루) 등을 먹고 있었다.

사흘이 지나자 지도교수의 반응이 왔다. 오늘까지 조업하고 부산 간다는 것이다. 1등 항해사가 또 왔다. 방금 그물을 올리고 그물 청소를 마친 후 부산으로 가니 식사를 하라고 한다. 그런 중에도 멀미를 계속하는 학생들은 물을 먹으면서 견뎠고, 삼 일을 단식하는 학생도 몇몇 있었다. 참으로 대단하였다. 단식 덕분에 부산으로 귀항하게 되었으니 정말 다행이었다고 생각했다. 그런데 운항 중인 배 안에서 단식 투쟁을 해도 되는지 모르겠다.

실습생들은 장기간 해상에서 생활하며 서로 많은 이야기를 나누었다. 학교 다닐 때는 끼리끼리 모였지만, 여기 폐쇄된 공간에서 감금되다시피 집단생활을 하니 할 말도 많은 것이다. 실습생들은 해군 ROTC 훈련생이 60%, 군 복무한 복학생이 20%, 나머지는 현역 20% 정도였다. 이들은 강원도에서부터 제주도까지 출신지역이 다양하여 요즘과 달리 전국에서 몰려들었다. 어장에서 떠나 입항 도중에, 군대 갔다 온 선배 학생들은 자신의 군대에서 경험한 이야기를 하며 삼삼오오 둘러앉아 있었다. 현역의 학생들은 이야기를 재밌게 듣곤 했다.

또 어떤 나이든 학생은 대학을 두 군데 다닌 이야기도 들려주었다. 바로 입학한 동기인데도 다섯 살 더 먹은 키 큰 어떤 아저씨는 수원 S농대를 휴학하고, 군 복무 후 장사를 2년쯤 하다가 누군가에게서 이야기를 들었다며 일확천금을 노리고 여길 입학했다고 한다. 그는 졸업 후 외항선 선장을 오랫동안 하였다. 그때 학생 중에는 멀미로 인해 졸업하자마자 학교 선생을 지원하였고, 역설적으로 처음부터 하선할 때까지 멀미한 한 학생은 다른 동기들보다 제일 먼저 선장이 되기도 하였다.

캄차카 어장에서 조업실습을 마치고 부산으로 귀항 중, 실습선의 정기 수리를 위해 DS조선소에 바로 상가하여 선박 수리를 한다는 소식이 들렸다. 그런가 보다 하였다. 우리 학생들은 외국에서 구입한 물품량이 적어서 관세 대상물이 없을 것 같은데, 세관 검사를 피하기 위한 것은 아닌가 하는 생각이 든다.

사실 부산항의 어느 부두든 입항하여 세관 검사 등을 받으면 되고, 학생들이 하선하고 난 후, 수리조선소에 입거入渠 해도 되는데, 왜 바로 조선소로 향하는가 하는 불만이 있다. 결국, 부산의 DS조선소에 상가한 후 승선실습을 모두 마치고 귀가하였다.

그런데 후문이 좀 좋지 않았다. 오사카에서 구입한 물품에 대한 세관 검사는 피하였지만, 지도교수가 소형트럭으로 싣고 나온 가정용 에어컨 두 대가 세관원의 추적을 받은 것이다. 미리 준비하여 구입한 제품으로 당시 한국에서는 귀하여 고가였기 때문이다. 그런데 조선소 외부에서 감시하고 있었던 것이다. 추적해 온 세관원을 피할 길이 없었고, 적당히 타협하여 위기를 넘겼다는 이야기다.

사실 학생들은 잘 몰랐는데, 세월이 많이 흘러 대학에 근무하면서 그 교수님에게서 들은 이야기다. 심지어 그 검문에 잘 넘어가지 않았다면 교수 사임을 할 뻔했다고 한다. 학생에게 주먹다짐과 카메라 투척을 하지 않았으면 동정이라도 받을 텐데…, 씁쓸한 느낌이 든다. 그렇지만, L 지도교수는 북태평양의 개척과 현대 트롤 어법 등을 출간한 해양수산업 분야의 거두巨頭였다.

아무튼, 실습 도중의 프로펠러 스크루 고장으로 부산에 귀항한 것으로 인해 실습일정보다 열흘이 더 연장되어서 72일간의 길고 긴 첫 원양승선실습을 무사히 마쳤다. 결국, 학생들이 선상 단식 투쟁을 해도 어장조업이 열흘만큼 더 길어졌으니 효과는 없었다. 명령에 따라 일사불란하게 행동해야 하는 선박에서 학생들이 단식 투쟁을 했으니, 이것 역시 참으로 겁 모르는 하룻강아지였다.

☸ 도쿄에서 만난 조활준 외당숙

중매쟁이는 '인연을 이어서 만나게 해주는 사람'이다. 요즘은 사람이 직접 개입하지 않고 소개팅, 맞선이라고 하여 '원하는 인연을 만나기 위해 알려드리는 징검다리'로 대신하고 있다. 이 같은 중매쟁이처럼, 외국 항에 입항하는 대학 실습선 '새바다호(2,275톤)'가 만남의 징검다리 역할을 톡톡히 해주었다.

대학에 근무하는 첫 해(1984)의 여름방학 동안, 원양승선실습으로 실습선 '새바다호'를 타고 해외를 가게 되었다. 그해 7월 말을 시작으로 학생들 실습지도를 하면서 타이완의 화련, 싱가포르, 괌을 돌아서 마지막 입항한 곳이 도쿄였다. 나로서는 처음 입항하였고, 일본에 친척이 있어서 설레는 마음이 컸다.

도쿄에는 엄마의 사촌 오빠로 나에겐 외당숙, 조활준趙活俊 아저씨가 살고 계셨다. 그 아저씨는 남해가 고향이고 한 번씩 엄마와 통화를 하셨다. 이 분은 1973년 8월 김대중 씨 납치사건 당시 일본에서의 수석비서였으며 와세다대학 영문과를 졸업한 재일동포 사업가이고, 마산 부모님 댁에 처음 방문하였을 때 만난 적이 있다.

입항한 9월 초순 그날, 외당숙의 자택을 방문하여 하룻밤을 묵었다. 극진히 맞아 주셨고, 하필 그날 전두환 대통령이 대한민국 국가원수로서 처음으로 일본에 공식 국빈방문하였다는 뉴스가 일본 TV에서 흘러나왔다. 김대중 납치사건과 박정희 저격 미수 사건 등의 한일관계를 정상적으로 회복하기 위한 첫걸음이다.

외당숙은 그 뉴스를 보면서 김대중 납치사건이 일어난 지 십 년이 넘었다고 하시며, 자신에 대한 한국언론의 편파 보도를 흥분하며 설명해 주셨다. 자신은 경남 남해도 출신임을 강조하며 북에 동조하는 그런 간첩이 아니며 교회도 다닌다고 하셨다. 그분은 성격이 유순하였고 이야기 하기를 좋아하여 자신과 관련된 이야기를 많이 들려주셨다.

여기 도쿄에는 또 한 분의 친척으로 백부가 사셨다. 그래서 백부(큰아버지. 필명 김일면. 본명 김창규)에 관한 소식을 여쭤보았다. 외당숙은 백부를 이름으로 알고 계셨다. 같은 도쿄에 사시고 서로 사돈 관계인 것이다. 백부는 대학과 대학원을 졸업하였고, 한국 민단과 조총련의 모임에 관심이 많았으며, 한일관계의 역사적 자료 등을 수집하여 잡지에 투고하고 책을 저술한다고 하신다. 한 번씩 일본 TV에 나와 한일관계 등의 역사적 관점들을 토론하는 등 평론가로 활동하는 지식인이라고 전해주셨다. 참 다행이라 생각했다.

백부는 일제 강점기에 19세의 나이로 도쿄에 유학을 가셨고, 해방 후 조부와의 귀국갈등으로 소식이 단절되었다. 다행히 삼촌이 개인적으로 도쿄를 방문하여 만난 적이 있어 대략은 알고 있다. 한국 국적과 이름을 그대로 사용하고 도쿄 교외(사이타마현)에서 책을 집필하고 계신다고 한다.

그런데, 만날 준비도 없이 학생의 승선실습 지도로 갑자기 왔고, 삼십 대 초반의 젊은 나이였으니 다음 기회에 직접 찾아봐야겠다는 마음으로 생각을 접었다.

조활준 외당숙은 우리 친척들과 교류가 잦았고, 김대중 대통령 시절에는 자주 서울과 부산을 방문하셨다. 그분이 한국에 오시면 외사촌 동생이 비서가 되어 청와대를 들렀고 부산과 고향 남해를 방문하곤 했다. 나에게 관심을 가지며 교수라는 신분을 높이 평가해주시고, 우리 대학의 발전을 위한 제안(해양방재공학과 증설, 1999년)도 기꺼이 힘써 주셨다. 그런데, 단과 대학과 본부 평의원회의 증설 의결에도 불구하고 대학 책임자(H 총장)가 반대하여 교육부에 제출하지 않아서 무산되었다. 총장 선거의 후유증인 것이다.

그분의 자녀들은 일본에 귀화하여 직장 생활을 하며 직장 일로 한 번씩 서울에 출장을 온다고 한다.

외당숙을 도쿄에서 처음 만난 이후, 두 번째로 2000년 여름 도쿄에 입항하여 또 만났다. 그러다가 칠순을 넘기면서 건강이 악화되셨는지 많지도 않은 연세에 돌아가셔서 참으로 애석하고 안타까웠다. 그 만남 이후, 실습선이 도쿄에 여러 번 입항했지만 만날 수 없는 옛 추억으로 내 마음속에 자리 잡았다.

"No ship, no meeting." 실습선이 아니면 도쿄에서의 만남도 없었을 것이다. 그나마 대학의 실습선을 징검다리로 도쿄에 와서 외당숙 댁을 두 번이나 방문하여 만난 것이다. 또한, 생각지도 않았던 백부의 이름도 떠올리게 되었으니, 실습선이 만남의 물꼬를 터주었으니 너무 고마울 뿐이다.

☸ 영국 대학에서의 논문연구

88올림픽을 온 국민이 기대하며 새해를 맞이한 그해는, 대학에 몸담은 지 5년 차에 들어선 해이기도 하다. 그 사이 외국 유학을 꿈꾸며 일본어 공부를 삼 년간 배웠지만, 도전의 기회가 좌절되어 국내 B 대학의 박사학위과정에 입학한 것이다.

졸업 학부의 전공학과와 다른 학과를 입학했으니 당연히 선수 과목도 있었다. 주경야독하며 그 대학의 고등학교 후배와 동기의 배려로 무사히 3년 과정을 수료하였다.

그 과정에서 학위논문에 관한 고민도 조언도 받으며 '쇄파대에 서의 수직단면 흐름 변동'에 관한 이론과 수리실험을 위해 노력하 였지만, 이론의 증명을 위한 수리실험 장치와 실험 장소 등의 현실 벽에 부딪혀서 이 연구를 접었다.

지도교수는 수학적 능력이 한강 이남에서 최고라는 농담을 할 정도로 뛰어나서 학과 내의 타 전공 학생도 논문의 이론확립에 도움을 주었다. 그런데 해양환경에 관한 논문을 쓰고자 하는 나에게, 이 분야에 관하여는 국내 최고의 대학에 재직하고 있으니 알아서 써 오라는 주문이다. 당황하며 고민의 늪으로 빠지게 되었다.

학위과정을 수료한 그해, 논문에 관한 늪에서 허우적거리는 여름에 기쁜 소식이 나를 울렸다. 교육부는 우리 대학 실습선 '가야호'의 신조선 건조에 수고한 교수들을 위해 관련 외국대학 또는 연구소에 4주 정도 해외연수를 지원한다는 것이다. 대학에서는 이미 몇 분의 교수가 다녀온 상태다.

기회가 주어졌지만 짧은 연수보다 최소한의 연구 기간이 필요하기에, 학교와 교육부에 상의하여 최장 6개월까지 해외대학에 체류할 수 있도록 논의한 끝에 긍정적인 답을 얻어내었다. 91년 8월에 대학 은사이신 이 교수님과 내가 확정되어 참여하게 되었다. 제2차 ADB 교육차관 중 해외훈련비를 통보받아 출장비는 개인당 해외 연수비용 만 달러(약 860만 원)로 한정하는 조건이다. 금전적 계산보다 외국대학에서의 연구가 우선이었기에 기뻤다.

마침 영국의 중동부에 있는 브래드퍼드대학에서 연구년으로 가 있는 대학 동기 이 교수가 있었다. 두세 번의 서신과 팩스로 토목학과의 젊은 일본인 전임강사 시오노 박사로부터 쉽게 초청장을 받을 수 있었다(9월 11일). 참 고마웠다.

연구 출장은 혼자 갈지, 가족과 갈지를 망설였다. 우리 가정은 여섯 살 딸, 세 살짜리 아들 쌍둥이가 있어 장시간 비행하는 데 어려움은 없을지, 영국에서 생활하는데 잘 적응할 수 있을지 등등 고민이 되었다. 그러나 아내가 잘 용단을 내려 함께 가기로 했다.

그렇게 해서 짧은 시간에 여권을 내어 준비하였고, 다행히 영국은 6개월까지 체류비자가 없어도 갈 수 있어서 교육부의 출장허락과 동시에 비행기에 올랐다(11월 말). 그 옛날 이십 대 중반에 원양어선 근무를 위해 선원들을 인솔하여 파리공항과 마드리드공항까지 간 경험을 떠올리며, 영국 히드로국제공항에 안착하였다. 다시 국내선으로 웨스트요크셔주의 리즈공항에 도착한 것이다.

이 교수가 마중 나와서 짐을 싣고 이미 구해놓은 웨스트요크셔주의 브래드퍼드에 있는 집까지 태워 주었다. 웨틀리 레인에 있는 '발모럴 하우스'의 3층짜리 건물에서 1층이었다. 월 300파운드에 방이 2개, 부엌이 하나 있지만, 침대가 없는 빈약한 주거시설이다. 그러나 창문 밖으로 보이는 곳은 푸른 잔디가 어우러져 마치 우리 집 정원처럼 느껴져 보기에 좋았다.

짐을 정리하고 바로 오래된 중고차를 구입하였다. 이틀 후 대학에 가서 초청해준 시오노 박사와 토목학과장에게 인사드리니 대학원생이 사용하는 조그마한 방을 마련해 주었다. 그리고 이 교수를 초청한 환경 수치모델링 전공 교수인 팔코너 박사를 만나서 제자인 대학원생을 소개받았다.

당시의 90년대 초, 영국은 경제적 어려움에 직면해 있어서 국영기관의 민영화를 이룬 '마거릿 대처' 수상의 영향으로 도서관 사용료, 인터넷 비용 등을 선납해야 한다. 소위 벤치 피(Bench Fee)란 것이다. 1,500 파운드였다. 스칼라로 초청받았으니 학생이 아니라서 면제받을 수 없었다.

딸 강원이는 6살이 되어 집 근처의 웨틀리 퍼스트 스쿨 1학년에 입학하여 매일 데려다주었다. 초등학교는 유치부와 초등 저학년을 함께 교육하고 있었다. 이 모든 일은 삼 개월 전에 자리 잡은 친구 이 교수에 의해 쉽게 진행되고 적응하였으니 참으로 고마웠다. 교회도 친구 가족과 함께 다녔다.

겨울에 접어들면서 두툼한 옷을 입고 중고차에 몸을 실어 대학 연구실에서 월요일부터 금요일까지 다니며 석사 논문을 기반으로 한 학위논문의 구상에 몰입하였다. 논문의 이론적 정립과 수치모델링 및 현장조사 자료의 적용 등을 시오노 박사와 자주 논의하며 다과를 함께 나누었다. 그곳은 오후 3시가 되니 '반드시'라고 할 정도로 조그마한 커피숍에서 삼삼오오 모여 담소를 나누는 티타임을 가지고 있다.

시오노 박사는 일본계 영국인이며, '하천의 계층화된 흐름장에서 수직 난류 교환(1981)'에 관한 논문으로 버밍햄대학에서 학위를 받은 분이다.

한편 도서관에 자주 가서 구상한 '항만 수로의 단면에서 층별 흐름과 그 메커니즘에 작용하는 오염물질'에 대하여 관련된 논문을 계속 찾아보았다. 그리고 준비해 간 마산만의 현장조사 자료를 팔코너 교수가 건네준 수치모델링의 해석과 함께 적용하여 수치실험을 병행하였다.

이곳에 온 지 한 달을 넘기며 새해를 맞이하는 어느 날, 구상한 연구의 핵심에 가까운 학위논문을 도서관 검색 사이트에서 발견하였다. 다른 대학에 소장되어 있어서 도서관 직원에게 신청하여 일주일 후에 볼 수 있었다. 그 논문을 복사하는데 손수 복사하다 보니 열흘이 걸렸다. 여기에 더하여 그 논문의 참고문헌을 백 편 정도 두 달 넘게 정신없이 복사하여 천군만마를 얻은 것이다.

그 학위논문의 제목은 '오염물질 분산 모델링(1985)'으로 뉴캐슬

대학에서 한국인 박재광 씨가 쓴 학위논문이다. 본문은 11장 310쪽과 부록 148쪽으로 구성되어 있으며 사용된 프로그램이 그대로 첨부되어 금상첨화였으니 너무 고마웠다. 잘 이해하고 현장에 적용하면 물질 분산에 기여하는 주된 메커니즘을 새롭게 추출할 수 있을 것 같다. 그 논문 저자는 미국의 위스콘신대학에서 교수로 재직 중인 것으로 알고 있으며 만나 본 적은 없다. 지금도 내 서고에 그 복사본이 누렇게 빛나고 있다.

한창 연구 중인 어느 날, 한국에서 우리 대학의 장 학장님(CSD)이 영국 출장 오셔서 전화를 주셨다. 학장님은 나의 석사 지도교수로서 출장에도 도움을 주셨고 나중에 총장까지 되셨다. 거리 관계상 만나 뵙지 못하여 아쉬웠다.

주말인 토요일이면, 가족과 함께 브래드퍼드의 여기저기를 구경하거나, 가까운 리즈의 중국상점에 가서 쌀과 라면 등을 사서 먹으며 향수를 달래었다. 이곳 브래드퍼드는 친구 외에 유일한 한국 사람으로는 선교사가 한 가정 있어서 만나 뵌 것이 전부다.

그리고 리즈에서 조금 더 동쪽에 있는 요크(York)도 방문하여 성베드로 성당, 철도 박물관, 요르빅 바이킹 센터 등을 둘러 보았다.

또 다른 주말에는 리버풀대학에 연구년으로 온 또 다른 이 교수를 만나기 위해 두 가정이 고물차를 이끌고 고속도로를 횡단한 적이 있다. 갓 차를 사서 몰고 가는 도중에 혼잡한 도로에서 성질 급한 영국 운전자가 빵빵거려서 혼이 난 적이 있다. 한국에서 여기 온다고 운전면허를 갓 내어 연수를 제대로 못 하였고 차선이 반대인 영국의 도로를 달렸으니 서툴러 보였을 것이다. 그것도 가족을 태우고.

브래드퍼드에서 생활한 지 두 달이 되었을까? 초등학교에 다니는 강원이 선생님으로부터 학교에 와보라고 전화가 왔다. 조그마한 운동장에서 아이들이 뛰놀고 있는 광경을 보면서 교실에서 만난 선생님은 반갑고 놀란 표정으로 학생생활기록부를 보이며 말했다. 친구가 발로 찬다고 선생님에게 일러준 말이었다. "Teacher, She kicks me!"라고 적혀 있었다. 그 말을 듣고 강원이가 말을 하기 시작했다며 선생님은 놀라며 기뻐하신 것이다.

연구의 핵심토의와 자료를 얻어내고 마무리가 되어 가는 따뜻한 4월 초의 어느 봄날이었다. 여행사의 단체관광을 통해 프랑스를 가고 싶었지만, 어린 세 살짜리가 둘이라 어려움이 있어 그만두었다. 지금은 해저터널이 있으니 개별 관광이 가능했을 것이다.

그래서 우선 브래드퍼드에서 가까운 북서쪽에 있는 요크셔주의 하워스 마을에 브론테 생가를 찾았다. 유명한 소설 '폭풍의 언덕(에밀리 브론테, 1847)'의 저자와 그 자매가 살았던 교회와 소설에 등장한 언덕을 바라보았다. 마차가 달렸던 언덕길은 생각보다 좁은 시골 마을이다. 세 자매가 담긴 조그마한 접시로 방문 기념을 남겼다.

4월 중순을 넘기면서, 남쪽으로 열차를 타고 달려서 런던의 비앤비에서 닷새 동안의 여장을 풀었다. 그 숙소 주인은 우리 쌍둥이를 보며 좋아했고 자기도 쌍둥이라며 친절하게 대해 주었다.

이틀에 걸쳐서 런던 시내를 배회하며 버킹엄 궁전, 웨스트민스터 사원과 빅벤 그리고 하이드 파크, 국회의사당, 세인트 폴 대성당, 런던 타워 브리지, 템즈 강변 등을 둘러보았다.

셋째 날은 40분쯤 시외버스를 타고 북동쪽에 있는 캠브리지 대학을 찾았다. 13세기 초에 문을 연 세계 최고의 대학답게 건물이 웅장하고 오래된 느낌이 물씬거렸다. 몇몇 컬리지는 종교적 이미지를 지니고 있었다.

인상적인 것은 길고 좁은 캠 강이 대학 안에서 조용히 흐르고 보트로 학생들이 노를 저으며 타고 다녔다. 작은 목조 브리지에 올라가 포즈를 취하기도 했다. 대학 명칭은 이 캠 강의 브리지에서 나온 것이란 생각이 들었다. 강변 옆의 잔디밭에는 학생들이 삼삼오오 담소하며 놀고 있고, 관광객을 의식하지도 않는 자유스러운 풍경에 몰입되어 있어 보기에 좋았다.

다시 숙소로 돌아와서, 넷째 날은 한 시간 정도 시외버스를 타고 반대편 북서쪽의 옥스퍼드 대학으로 가보았다. 이 대학은 캠브리지대학보다 규모도 더 크고 더 오래된 건축양식이다. 킹스 컬리지, 박물관, 보드리안 도서관 등을 둘러보고 사진을 남겨 두었다.

오월 중순에 접어들면서 열차를 이용하여 영국 연방국의 하나인 북쪽 지역 스코틀랜드의 에든버러를 향했다. 고속열차로 여섯 시간 정도 걸러서 도착하여 호텔(리치몬드)에 묵었다. 에든버러 캐슬 등 여러 성곽을 둘러보고, 쌍둥이들도 가게에서 백파이프를 불어보며 사진을 남겼다. 오래된 성곽이 많은 걸 보니, 영연방 4개국이 오래전에는 서로 너무 많이 싸운 것을 엿볼 수 있다. 심지어 소단위의 화폐는 잉글랜드와 서로 달랐다.

그곳 체류 중 일요일인 어느 날, 13세기에 지은 성 자일스 대성당을 찾아갔다. 운 좋게도 그때 나팔을 불며 마차 행렬이 교회 앞

마당에 모였고 영국 여왕이 내리는 모습을 숨죽이며 볼 수 있었다. 지금은 돌아가셨지만 엘리자베스 2세였다. 나중에 들었지만, 스코틀랜드와의 화합을 위해 이곳 에든버러에서 장기간 머물렀다고 한다. 또 종교개혁자 존 녹스의 생가, 홀리루드 하우스 궁전의 근위대 교대식, 미술관 등을 보며 기념사진을 찍었다.

귀국을 일주일 남기고는 런던의 북서쪽에 자리한 스트랫퍼드 어폰 에이번의 셰익스피어 생가를 찾았다. 옥스퍼드대학교에서 한 시간 정도 북서쪽에 있었다. 16세기 튜더 양식 건축물로 된 공간에는 아버지의 장갑 공방, 책장, 희곡 배우들의 분장과 그림책 등이 전시되어 있고, 셰익스피어가 묻힌 홀리 트리니티 교회와 아내의 생가, 공연극장 등을 볼 수 있었다.

귀국 이틀 전에는 마지막으로 정들었던 대학과 초등학교 및 선브리지 미션교회에서 작별 인사를 나누었고 이 교수를 뒤로 한 채 조그마한 선물을 남기고 귀국길에 올랐다.

귀국한 그해, 여름부터 진해만에서 수로의 여러 단면을 정하여 유속과 염분의 층별 흐름을 조사하였다. 그리고 프로그램을 짜서 이들 자료를 적용하여 결과를 얻었고 그래프와 표로 만들었다. 이듬해 여름 초까지 정리하여 논문을 써서, '폐쇄성 내만에 있어서 물질 분산에 미치는 지배적 요인(1993)'이란 제목으로 학위논문을 제출하여 통과되었다.

논문의 제일 뒷장에 "진리가 너희를 자유케 하리라."라는 감사의 말씀으로 매듭지으며, 사각모와 양팔에 세 가닥의 줄을 수놓은 가운을 마음에 담았다. 이제 자연의 심오한 뜻을 캐는 우물에서 물을 긷는 두레박 소리가 울린 것이다.

짧지만 영국 대학에서의 논문연구와 브래드퍼드에서의 생활, 가족 여행을 겸한 영국의 여기저기를 추억한 것은 나에게 잊지 못할 인생의 갈피를 남겼다. 내 남은 생애에 다시 가볼 수 있을지 의문이다. 뒤돌아보니, 긴 인생길에서 필요한 시기에 한 치의 오차 없이 모든 것을 미리 준비하고 인도하신 걸음걸음에 너무 감사할 따름이다.

제4부
두 얼굴의 바다

⚓ 쿼터로 덮인 바다

선진 각 나라는 몇 차례의 국제해양법 회의를 거쳐 20C 말 (1994.11) 「국제해양법」을 완성하였다. 이에 앞서 1977년부터 '배타적 경제수역 EEZ'를 선포하여 자국의 연안으로부터 200해리(약 370km)까지 '어업 및 광물자원 생산 금지'의 팻말을 꽂은 것이다.

자국 연안의 해양생물 및 광물자원을 관리, 보호한다는 기득권 국가의 논리로 바다를 분할, 점유하여 영토화하였다. 그 금지 팻말의 거리는 얼마 안 되는 것 같지만, 그 안에 진귀한 바다 보물의 대부분이 숨겨져 있다. 이것으로 소위 무주공해를 유주영해有主領海로 바꾸어, 눈에 보이지 않는 새로운 국가영토로 확장한 것이다.

북태평양은 기존의 조업 어장이 EEZ 내에 있으므로, 관할 국가들은 그동안의 기득권적 어업활동을 무시할 수 없어 '쿼터(어획할당량)'를 배정하는 조업으로 전환하였다. 이 쿼터는 기존 해역의 자원량을 지속적으로 유지하고 남은 잉여 생산량을 적정어획량 optimum yield으로 계산하여 할당하는 것이다.

여기에 그동안 북태평양 어장을 개척하여 많은 성과를 올린 한국 원양어업은 할 수 없이 해외 다른 트롤 어장에 눈을 돌리기 시작했다. 그것은 관할 국가의 Quota 조정과 합작 조업, 어장개척과 어업기술 제공 등 다양한 형태로 바뀌었다.

그동안 북태평양이나, 가까운 일본 홋카이도 연안 12해리 밖에서 대륙붕 또는 대륙사면을 쓸고 다니던 한국 어선들이 갈 바를 모르고 헤매는 날이 현실로 다가온 것이다. 사실 대형 북태평양 어선들은 적은 쿼터로, 수지타산을 맞출 수 없을뿐더러 연중 조업이 불가능하다.

그러한 노력의 하나로, 국립수산진흥원은 남빙양 크릴새우 자원 개발을 위한 시험조사를 처음으로 시작하였다. 북태평양에서 조업하던 대형 트롤어선 '남북호(5,449톤)'가 우리나라 시험조업으로 처음 남빙양에 투입된 것은 1978년 12월이다.

남북호는 적도를 넘어서 인도양을 거쳐 남극해로 진입하여 매우 거친 대형 저기압과 유빙 등을 헤치며 남극의 엔더비 어장에 첫 크릴 조업을 시도한 것이다. 그러나 눈에 보이는 대륙은 온통 하얗고 백야에 얼음뿐이며 너무 험한 바다였다.

27일간 항해하고 겨우 23일의 조업을 하여 크릴 냉동품 500톤 정도를 어획한 후, 가을에 접어들면서 험한 날씨로 인해 견디기 힘들 것으로 판단하여 조업을 종료하였다. 3개월간의 시험조업은 1979년 2월 부산항에 입항하므로 끝이 났다. 남빙양의 험지 어장 개척은 우리에게 생사를 담보한 힘겨운 도전이었다.

80년 봄의 여느 아침처럼, KR원양어업회사의 전보전산실은 '탁, 탁, 탁!' 전 세계의 백 수십 척의 어선에서 오는 전보가 수신되는 소리다. 출근 시간, 적어도 한 시간 전에 우리 부서에서 맡은 트롤 선박 10여 척을 포함하여 수십 척의 전보를 찾아, 조업 위치와 어획량을 '일일 선박 동향 보고서'에 기록한다. 이것을 출근 전에 L 회장님 이하 임원 10명의 책상에 올려놓는 것이 그날 나의 첫 업무이기 때문이다.

이 일이 끝나면 여직원 미스 리가 준비한 커피를 한 잔 하면서 그 날의 본 업무가 시작된다. 당시 우리 회사 북태평양 어선은 홍양호(5,300톤급) 등 6척의 대형어선을 보유하고 있었다. 이들에 대한 하루 전의 어획 보고를 어장 위치와 함께 하루 어획량을 어종별로 톤 단위로 정리하고 분석하며, 연말이 되면 각 선박의 손익계산서를 만들어 평가하게 된다.

그 외 선박에서 요구하는 수급품 등은 우리 부서에서 처리하여 다시 전보를 보낸다. 그리고 타 선사와 원양어업협회에서 오는 업무 내용 등을 검토하는 것이다.

또, 미국에서 우리나라에 배정된 쿼터의 목적과 쿼터량의 보고 방법, 금지 어종 등 취급업무를 다루는 책자의 내용을 숙지하는 것이다. 이것들을 북태평양 선박 6척에 전보로 통보하여 알린다.

연말이 되어가면, 수산청과 원양협회는 쿼터를 많이 배정받기 위하여 미국 해안경비대와 협상을 거듭하고, 각 선사의 책임자가 모여서 쿼터량에 대한 배분에 관하여 진지하게 회의를 하게 된다. 회사의 쿼터량은 각 회사의 경영에 지대한 영향을 미치기 때문이다. 그래서 북태평양에 출어한 어선들의 적정한 쿼터 배정은 가장 어려운 문제이다. 이때의 기준은 선박의 톤수와 어획 실적, 조업 일수를 기본으로 한다.

미국은 EEZ를 알류샨 열도를 중심으로 5단위(예, 51~54 해구)와 6단위의 사각형 해구로 분할해 놓고, 각 해구에 어획 쿼터를 할당한다. 이것을 우리 각 선사의 각 선박에 배분하여 최종 각 선박의 어획 쿼터량이 되는 것이다. 러시아의 캄차카 어장도 미국보다 현저히 작은 해역이지만 비슷한 형태를 취하고 있다.

그래도 밤낮으로 어획하고 비치된 어획일지에 기입한 후, 각 해구의 어종별 어획량을 0.1톤 단위로 회사에 타전해 오면, 한 주간 어획량을 선박마다 취합하여 수산청에 월요일 서면으로 보고한 다. 수산청은 우리 나라 각 선사의 것을 다시 모아서 미국 해안경 비대에 보낸다.

10종의 어류를 해구별로 나누어 할당하지만, 명태 쿼터가 대부 분이다. 이들 중 한 어종이라도 먼저 쿼터량을 어획하여 소진되면, EEZ에서 조업이 중단되고 어장을 철수해야 하는 조건이 있다. 정 말 황금어장은 이제 먼 산 보듯 해야 했다.

그러다 보니, 일부의 한국 어선은 뜻하지 않게 기록의 미비와 약간의 눈속임 등으로 쿼터량을 제대로 관리하지 못하는 경우가 생긴다. 예를 들면, 미 해안 경비정이 불시에 검문하여 어창의 어 획량을 조사하여 쿼터 기록량과 차이가 있으면, 나포하고 협의가 확정되면 벌금을 부과하므로 막대한 손실을 초래한다.

이것도 부족하여, 미 해안경비대에서 파견된 옵서버observer가 승선하여 배정된 어종과 어획량 및 금지 어종 등을 자세히 살피고 측량하며 조업을 간섭한다. 그래서 위법사항을 발견하면 시정 또 는 보고하는 시스템을 도입하여 현장의 어선들은 설상가상으로 조업이 어려워진다.

심지어, 승선한 여자 옵서버가 뱃멀미할 때, 등을 토닥거려 주었는데도, 그것을 구타로 보고 제소하여 곤욕을 치른 내 친구 선장도 있었다. 그만큼 쿼터 조업으로 인한 경제적 손실은 EEZ 이전보다 엄청났고 이런 것들로 인해 망한 원양어업회사가 더러 있었다.

EEZ는 대륙사면까지 서식하는 생물과 광물자원을 범국가적으로 보존하여 인류에게 자자손손 물려줄 의무가 있다는 취지이다. 맞는 말 같지만, 가난한 우리에게는 보물 창고와 같은 바다를 빼앗긴 기분이 드는 것은 어쩔 수 없다. 우리는 60년대 북태평양을 개척하며 명태로 허기진 배를 채워서 오늘날의 부유한 국가를 이루는 밑거름이 되었다.

북태평양은 이제 EEZ를 제외하면 소위 공해라는 바다가 얼마 되지 않고, 또 수심이 깊어서 사실상 저층 트롤 어선이 조업할만한 곳은 없다고 보면 된다. 그나마 중층 트롤 등으로 조업을 하면 미 해안경비대의 경비정들이 불시에 검문하여 선박의 구석구석을 살핀다. 공해에서 조업하다가도 EEZ 내에 들어와서 조업할 수 있다는 이유 때문이다.

어쨌든 바다는 무한한 도전의 대상이요, 육상 자원의 고갈로 바다에서 식량과 광물자원 등을 얻어야 하는 인류의 마지막 남은 보고이다. 우리에게는 이제라도 미래의 녹색 성장 자원으로 적극 바다를 활용하는 진취적 기상이 절실히 요구된다.

원양어업회사에 근무하면서, 쿼터로 덮인 유주영해有主領海의 북태평양을 바라보며 원양어업에 대한 미련을 접었다. 성실하게 근무한 서울의 회사 생활을 그만두고, 바다를 깊이 조사·연구하는 새로운 학문의 길에 도전장을 내밀게 된 것이다.

"No ocean, no life(바다가 없으면, 우리의 삶도 존재할 수 없다)." 보물섬과 같은 무주공해를 다시 찾는 힘을 길러야 할 것이다.

☸ 플라스틱의 바다

해양은 하나의 거대한 생명체이며, 인간 생명의 원천이다. 우리에게 많은 풍요로운 혜택을 제공하고 있지만, 금세기의 인류는 각종 용존성 유해물질(유독성 폐수, 생활 하수, 유류오염 등)과 고형성 해양폐기물을 쉴새 없이 앞다투어 바다에 버린다. 바다는 이로 인해 신음하다 못해 지구환경과 생태계를 교란시키며 변화하고 있다.

플라스틱은 고형성 폐기물의 대명사이다. 해수에 용해되지 않고 또 잘 썩지 않으며, 물보다 비중이 작은 것은 해면에 떠다니는 부유성, 비중이 큰 것은 해저 바닥에 가라앉는 침전성으로 분류한다.

이런 두 종류의 플라스틱 폐기물은 일반폐기물과 어망 조각, 스티로폼 제품 등이 주된 것으로 이름하여 '해양폐기물' 또는 '바다쓰레기'라고 한다. 이 폐기물은 잘 녹지 않는 특성으로 인해 연안 해양의 생태계를 침식하고 위협하며, 한 세기를 넘는 오랜 세월 동안 매우 미세한 양으로 녹으면서 생물의 먹이로 섭취되어 생태계를 교란하는 악성 물질이 된다.

80년대 중반부터 대학에서 연근해 실습을 지도하는 동안 실습선 선장으로서 우리나라 연안과 연안 항포구를 많이 드나들었다. 그러다 보니 해양환경 연구의 하나로 바다에 떠다니는 해양쓰레기에 관심을 두게 되었다.

특히 90년대에 들어서면서 산업화가 가속화되는 환경에서 육상에서 버려진 폐기물이 하천과 강을 따라서 바다로 엄청나게 유입되었다. 비가 많이 온 후나 태풍이 지나가고 나면 바다는 각종 폐기물의 천국이 되어 부유성 쓰레기들이 무리를 지어 떠다닌다. 지금도 그 모습이 눈에 아른거린다.

마치 굶주린 이리떼들이 우글거리는 모습처럼. 항해하는 우리 뱃전에 플라스틱 조각들이 달라붙어 우리를 성가시게 하였다. 그러나 우리나라 어디에도 바다의 폐기물에 관한 관심이 없었던 시기다.

그 당시만 해도, 우리나라에서는 이런 연구를 한 사람이 없었다. 그래서 일본의 도쿄 수산대학에서 어구 재료학을 연구하는 K 교수로부터 일본의 ㈜해양공학연구소 출판부에서 발행한 플라스틱의 바다—위협당하는 바다의 생물들(1995)이란 책을 직접 소개받고 그

교수의 관련 논문과 간단한 연구 과정을 설명 듣기도 했다.

이 책에 의하면, 북태평양에 서식하는 물개, 거북이, 작은 어류 등이 버려진 폐어망에 몸이 감겨 죽어가거나 그 속에 갇혀서 죽어가는 현상으로, '고스트 피싱(유령어업)'을 소개하고 있다. 이미 지구의 바다는 플라스틱 폐기물의 오염이 심각하다는 증거가 된다.

일본에서는 우리보다 앞선 산업화 과정에서 해양오염이 심각하여 이미 많은 연구가 진행되어 있었다. 그 교수도 도쿄만에서 오 년 동안 국가의 연구비 지원으로 침전성 해양폐기물을 조사하여 논문으로 발표하였고 사회의 이슈로 떠올라 있었다.

나에게도 그런 조사는 연중 학생의 승선실습으로 연안을 자주 항해하니 절호의 기회였다. 연구비의 큰 몫을 차지하는 조사선 비용이 들지 않고 쉽게 해양폐기물을 조사할 수 있기 때문이다.

해양폐기물을 처음으로 조사한 때는 1996년 8월이다. 일주일 동안 부산 외항에서부터 동해의 죽변 그리고 울릉도와 독도 해역까지 항해하면서 부유성 폐기물을 조사하였다. 항해 중 선박의 항로에서 폐기물의 종류를 5그룹으로 나누어, 수량을 측정하고, 단위 면적당 수량으로 환산하여 분석하였다.

1996년 여름철 동해의 부유성 폐기물은 스티로폼과 비닐류 등의 플라스틱류가 약 70%로 분포하였다. 1997년 여름철 남해의 바다에서는, 나일론 그물을 포함한 스티로폼과 비닐류 등의 플라스틱류가 85%를 넘어서면서, 동해보다 남해가 플라스틱 오염이 더 심각하였다. 특히 장마철에는 더 많았다.

그리하여 조사해역의 종류별 밀도를 계산하고 그래픽으로 해도에 표시하여 수산 관련 학술대회에 최초로 발표한 것이다 (1997.5). 발표장의 청중들은 색다른 연구라서 그런지, 수런거렸다. 그래서 우리나라에서 처음으로 수해양교육연구 학회지(1997.6)에 해양폐기물에 관한 논문이 실렸다. 논문 제목은 〈한국 동해 연안 어장의 부유성 폐기물 분포와 조성〉이다.

그 이후, 제주도 근해와 중국 청도 해상까지 그리고 우리나라 남해안(부산에서 욕지도까지) 등에서 계절별로 집중적으로 조사하여, 여러 학회지에 보고하였다. 그 결과로, 부산일보(1998.5.25.)에 「연안 부유성 폐기물 수거가 시급하다.」는 제목으로 보도되기도 하였다.

침전성 해양폐기물은, 1997~8년(2년) 진해만에서 조사한 결과를 보면, 플라스틱과 어망류가 62%, 금속과 유리류 29.5%, 나무와 종이류 8.5% 순이었다. 이러한 침전성 해양폐기물은 연안의 어업, 양식장 그리고 육지의 산업활동에서 바다에 버려진 것들이 대부분이다.

이 침전성 해저 폐기물은 일본 도쿄만과 비교하면 수량은 10배가 넘으며, 중량은 무려 36배에 달했다. 진해만의 해저 오염이 매우 심각함을 알 수 있다.

이천 년대에 들어와서 해양수산부는 연안 어장에서 조업 중인 선박이 인양하는 해양폐기물을 수거해 오면 그 양에 따라 수거비용을 지불한 적이 있다. 그리고 수산과학원은 오래전부터 바다에 버려도 잘 썩는 어망을 개발하여 보급하고 있지만, 어민들에게는 고비용으로 실제 사용에 어려움이 있다. 지금은 많은 관심을 가지고 여러 가지 방법으로 해양폐기물 특히 플라스틱에 대한 경각심을 고취시키고 있지만 때늦은 감이 있다.

또한, 바다는 플라스틱 제품의 원료인 '미소 플라스틱(약 3mm 크기의 둥근 플라스틱 알갱이)'의 오염도 매우 심각하다. 강과 하천에 인접한 플라스틱 성형 공장에서 마구 버려진 것들이 바다로 유입되고 해안에 떠다니다가 조류에 의해 연안 해안가와 모래사장에 상륙한다. 지금도 해수욕장에 가면 쉽게 볼 수 있다.

조사한 바에 의하면, 태평양의 연안 섬들에 사는 바다거북이나 바닷새 또는 어류들이 먹이로 착각하여 섭취하고 소화불량 등으로 죽은 예가 많이 보고되고 있다. 지속 가능한 대책이 절실하다.

다년간 바다에서 조사한 해양폐기물과 미소 플라스틱의 연구 결과는, 지역 일간지 신문(부산일보)에 이어, PSB(KNN) 창사특집 (2004.5.31.)_바다, 그들의 반란 그리고 KBS 환경스페셜 200회 특집 (2004.11) 〈1부: 위기의 바다〉에 방영되었고, 월간 현대해양(2018.6) 의 특집으로 〈해양 미소 플라스틱의 문제점과 해결방안〉을 제시한 바 있다.

최근의 2020년에 접어들면서 바이러스에 관한 경각심과 함께 떠오른 것은 환경 관련 기관이나 단체에서 발표하는 해양의 '미세 플라스틱(1μm~2mm)'이다. 이것은 오래전에 해양에 버려진 플라스틱 폐기물과 '미소 플라스틱 알갱이'가 장기간 바다에 체류하면서 아주 느리게 녹아 어류의 먹이가 되어 이제 우리 인간을 위협하는 오염물질이 되었다.

해양수산부에 따르면, 매년 바다에 유입되는 쓰레기의 추정량은 17만 6천 톤으로, 유입 경로는 강과 하천에서 11만 8천 톤, 선박의 폐어구 등에서 5만 8천 톤이라고 보고하였다. 또한 한국해양과학기술원(2017)에서는 한국인의 식습관을 이용하여 계산해 보니, 미세플라스틱 섭취량은 1인당 212개로 추정된다고 한다. 지금은 더 많을 것이다.

우리 바다는 플라스틱으로 가득 찬 지 오래되었다. 가라앉은 것들이 대부분이므로 우리가 볼 수 없을 뿐이다. 그것들이 분해되거나 녹아서 우리가 모르는 사이에 해수와 함께 흘러 다니므로 해양 생물이 먹고 그 생물을 사람이 먹게 된다. 우리 인체에 축적되면 환경 호르몬성 역할을 함으로써 많은 기형적 현상이 나타날 수 있음을 명심해야 한다. 이것이 바다가 우리에게 도전하는 또 하나의 얼굴이다.

☸ 두 남매의 숨바꼭질

옛날을 몇백 번 곱한 옛날에 원시 바다와 대기(약 40~35억 년 전)가 지구에 살기 시작했다. 그래서 지구가 돌면 대기가 따라 돌고, 이어서 바다에 영향을 미친다. 그런 현상이 오늘날까지 이어지고 있다.

지구, 대기 그리고 바다는 태양의 지휘 아래 하모니를 이루며 잘살고 있다. 특히 바다는 달이라는 지구의 부하에게 끌리어 하루에도 한두 번씩 오르락내리락하며 숨을 쉬고 움직인다.

지구의 허리는 적도 해역이다. 그 적도의 바다에서 지구의 모든 힘이 나온다. 눈에 보이지 않지만, 태양의 지휘를 가장 많이 받아서 사람의 심장처럼 지구 전체에 열에너지를 전도하고 공급하는 중요한 역할을 담당한다.

또한, 적도 해역은 무풍지대이지만, 남북으로 위도 10~20도 부근에 사는 무역풍 해역은 대기의 기운을 받아서 바다의 따뜻한 난수를 동에서 서쪽으로 일정하게 밀어내고 있다. 그래서 적도 해역은 밀어낸 남북의 해수 흐름을 보완하기 위해 역류를 일으켜서 해수를 반대 방향의 동쪽으로 태곳적부터 흘려보내고 있다.

지구의 나이가 백 살(백억 년으로 추정)이라고 가정하면, 지금 쉰 살의 한창 젊은 중년이라 건강을 챙겨가면서 살아야 그 수명을 다할 것이다. 그런데 요즘 시대 지구 건강에 문제가 생기고 있다. 지구가 거느리는 대기와 바다에 변화가 생긴 것이다.

이처럼, 대기와 바다는 서로 맞물려 있는 시스템으로 물질보존의 원대한 자연법칙을 따르지만, 인간의 욕심대로 대기를 변화시키면 바다도 따라서 변화한다. 대기로 오염물질을 내뱉으면 바다에 스며들고, 바다가 병들면 인간에게 바로 앙갚음을 하는 것이다. 그것은 크게 대기의 오존층 파괴, 지구 온난화 그리고 산성비로 위협한다.

그 현상 중에서, 근년에 특히 지구 온난화가 심하여져서 인간이 심한 고통을 당하는데, 그 고통은 대기와 바다의 협력으로 나타난다. 나아가 지구가 몸살을 앓는 현상이 여기저기서 뚜렷한 징조를 드러내고 있다.

여기서 자연의 법칙을 따르는 '엘니뇨' 현상과 기형적 현상으로 발생하는 '라니냐' 현상이 적도 해역에서 두 남매로 태어난다. 엘니뇨는 남자아이, 라니냐는 여자아이란 뜻이다.

두 남매의 아버지 격인 '무역풍'은, 늘 대기에서 불어오는 북동쪽 바람의 세기에 따라서 행동한다. '무역풍'이란 이름은 그 옛날 무역선이 이용한 바람이기 때문에 불린 것이다.

두 남매의 어머니 격으로 매우 따뜻한 적도의 해수를 품은 '난수暖水'를 들 수 있다. 무역풍과 난수는 서로 협력하여 적도 해역에서 살아간다.

난수는 항상 멀리 있는 남극과 북극의 찬 해수를 걱정하며 따뜻한 해류로 변신하여 북반구와 남반구를 순환한다. 그 몸이 차가워지는 희생을 감수하고 언제나 긴 여행 떠나기를 좋아한다.

반면에, 무역풍은 항상 적도 해역을 중심으로 살아간다. 대신에 조상의 하늘 바다, 즉 대기에서 오는 기후 변화를 따라 그 세기가 변하며 무역풍의 자리를 지킨다. 때로는 정상적으로, 때로는 비정상적으로 불게 된다. 하늘의 뜻을 받드는 충실한 가장인 셈이다.

정상적인 평년의 무역풍은, 늘 하던 대로 고기압 지대인 동태평양에서 저기압 지대인 서태평양으로 부는 바람에 의해 해수를 밀어주면서 서쪽으로 난수를 흘려보내고, 그 자리에 동쪽의 냉수가 올라와 자리를 메워준다. 그때 적도의 깊은 바다에 사는 생물과 냉수가 표층으로 무역풍을 만나러 올라온다.

이때, 육지에 사는 인간들은 그 바다생물을 보고 좋아하며 낚아서 자기 집으로 가져간다. 이와 같은 지구의 정상적인 순환은 서로 돕고 풍요로운 한 철을 보내며 모두에게 감사하고 기뻐한다.

이와 반대로, 기후의 변화로 인해 서태평양이 고기압 지대가 되면 무역풍의 세기가 평년보다 약화되어 난수를 서쪽으로 밀어내지 못하고 그대로 머물러 있게 하거나, 오히려 동쪽의 페루 연안으로 밀어낸다.

동시에 동태평양의 남미 해역은 폭풍을 일으키고 페루 어장은 극심한 타격을 입는다. 그리고 인간들은 고온 다습에 시달리며 가마솥 같은 더위에 헐떡거린다. 그러면 찬 것을 즐기고 시원한 곳에 살겠다며 에어컨을 돌린다. 그렇게 되면, 맞은편 서태평양의 호주 지역은 건조하고 중위도의 우리나라에서는 고온으로 몸부림치게 된다. 이는 남자 아이 '엘니뇨'가 하는 일이다. 이 흐름 현상은 주로 12월에 일어난다.

이와 같은 적도 부근의 해역은 대기압 진동으로 무역풍의 방향을 변동시키므로 '남방진동'이라 부르며, 1950년대 이후로 10차례 이상 진동이 있었다. 3~8년을 주기로 하여 나타났다가 사라졌다 가를 반복하는 것이다. 이와 동행하여 난수의 흐름인 엘니뇨도 발생하므로, 이들 두 현상을 합쳐서 엘니뇨/남방진동이라 하여 한마디로 'ENSO(El Nino/Southern Oscillation)'라고 부르고 있다.

한편, 무역풍의 세기가 평년보다 강하여 난수를 서태평양으로 많이 흘려보내면, 엘니뇨는 사라지고 태평양 동부의 해저에서 찬물이 용승하여 해수면 온도가 평상시보다 낮아지는 현상이 발생하므로 '라니냐'가 탄생한다.

좋은 예로, 북반구의 한국에서 남반구로 항해하여 적도를 종단하는 선박이 있다면, 실제 배의 항적은 서쪽으로 밀려가고, 배의 침로는 진침로에서 왼쪽으로 놓고(약 2~3도씩 적게 함) 항해해야 하는 것을 경험하게 될 것이다. 이 현상은 정상적인 '엘니뇨'의 흐름 때보다 '라니냐' 현상이 일어날 때 심하게 느낀다.

그래서 두 남매는, 지구의 온실효과로 대기압이 변동하고 그에 따라 무역풍의 세기가 변하므로 인해, 나타났다가 숨었다가를 계속하는 숨바꼭질을 하면서 살아간다. 두 남매로 지구는 몸살을 앓고, 인간들은 더위에 헐떡거리며, 남북극의 얼음은 계속해서 녹아 버리고 있고, 그로 인해 바다의 몸집이 커져서 작은 섬들은 침몰

하고 있다. 심지어 부산이 10년 후에 물에 잠긴다는 뉴스까지 나오는 상황이다.

산업화 이후로 온실기체가 계속 발생하여 온실효과를 증가시킴으로 지구는 온난화로 몸부림치고 있으니, 마치 인간의 동맥경화증과 같은 현상이라 볼 수 있다. 돌아오지 못할 루비콘강을 건너지 말고, 때 저물기 전에 적도 해역에 사는 두 남매의 숨바꼭질이 멈추도록 살포시 잠재워야 한다.

지구에 호화로운 욕심을 심으면 심을수록 온실가스는 가속도로 증가하므로 그 끝은 사망에 이르게 된다. 가스 배출을 중단시키는 범지구적인 특단의 대책이 시급하다고 본다. 혹 인간이 지구를 떠나야 할 때가 올까 걱정이다.

☸ 두 얼굴의 바다

대학에서 정년 퇴임한 명예교수는 해당 학과(학부)의 강의를 학기당 한 과목씩 3년간 할 수 있도록 배려하고 있다. 물론 그렇지 않은 대학도 있다. 그래서 퇴임 후 가을 학기부터 전공과목인 '해양기상학'을 강의하였다.

그런데 일 년 반이 지난 2020년부터는 '코로나 19'로 인해 온라인 강의를 하게 된 것이다. 강의실에서 학생들을 마주하며 표정을 읽어가면서 하던 수업이 하루아침에 노트북에 녹화장치를 하여 PPT 화면을 띄우고 육성으로 녹화하여 강의하는 방식으로 바뀌었다. 그 녹화물을 학교의 강의 사이트에 올려놓는 것으로 수업은 끝나는 것이다.

안 해본 것이라 처음은 어색하였고, 좋지 않은 목소리로 긴장하게 되어 한 말을 또 하게 되고 하지 않을 말도 해서 여러 번 녹화를 한 적도 있었다. 젊어서부터 해 왔다면 쉬웠겠지만 그래도 만들어서 온라인 강의로 나머지 3학기를 무사히 마쳤다. 속이 시원하였다. 뭔가 장치를 하고 사람도 없는 허공을 보며 말을 한다는 것이 힘들다는 것을 알았고, 서로 마주 보며 대화하듯 말을 한다는 것이 얼마나 좋은 것인지 알게 되었다.

그 영상강의는 학생들이 해상생활을 하면서 겪게 될 해양과 기상에 관한 기본적이고 필요한 내용이다. 그중에서 '5장 기상관측과 항해'란 분야를 마무리하며 '생존의 힘은 어디에서?'란 제목으로 두 선박을 예로 들어 가능성과 불가능성에 대한 확신이 매우 중요함을 설명해 주었다. 그들은 탐험선 '인듀어런스호'와 '칼럭호'였다.

두 선박의 바다 상황을 정리해 놓은 것은 「보험매일(1970)」과 새클턴의 위대한 항해(알프레드 랜싱, 2001)에 나와 있다. 요약하면 이렇다.

20C 초 영국의 탐험가 새클턴이 이끈 '인듀어런스호'는 남극대륙을, 동시대에 캐나다 탐험대를 실은 '칼럭호'는 북극을 향했다. 양극에 가까이 도착한 그들에게 바다는 그냥 두지 않았다. 추운 날씨와 빙하의 얼음에 갇히어 그만 좌초 아닌 좌초를 하였다. 한정된 식량이 떨어진 칼럭호 대원들 11명은 서로 싸움으로 인해 전

원이 숨을 거두고 말았다.

하지만 인듀어런스호는 빙하에 포위되고 헤쳐나갈 수 없는 상황에서도 대장 섀클턴은 대원들의 불안감을 없애는 즐거운 게임과 독서 및 개개인의 관심사에 관해 대화를 나누며, 부빙浮氷을 건너 구명보트를 타고 섬을 찾아간다. 1년 4개월 넘도록 혹한과의 끈질긴 사투 끝에 아주 작은 섬에 상륙한다. 이 작은 엘리펀트 섬에서 일부 대원들을 데리고 섀클턴은 다시 출발했던 사우스 조지아 섬으로 귀환한 것이다.

그리하여, 자그마치 2년 걸려서 대원 28명 전원을 무사히 살아서 돌아올 수 있게 한 기적을 낳은 것이다. 비록 남극 횡단에는 실패하였지만, 오늘날 미국에 '섀클턴 박물관'이 있을 정도로 어니스트 섀클턴은 위대한 남극 탐험가였다. 두 선박에서 리더의 극명克明한 두 얼굴을 보여준 것이다.

그런데 온라인 강의를 마친지 1년이 넘은 3월(2022.3) 어느 날, 「107년 만에 해저에서 발견된 남극 탐험선 인듀어런스호」란 인터넷 기사를 보았다. 남극 웨들해의 해저 3,000m 지점에서 무인 잠수정에 의해 발견된 것이다. 그 배는 목조선으로 선수 부분의 잔

해였고, 1915년에 남극대륙에서 150km 떨어진 웨들해의 얼어붙은 바다 한가운데서 난파된 것이다. 이 기사를 보면서, 새삼 온라인으로 강의한 그때의 '생존의 힘'이 다시 떠올랐다.

또한, 최근에 이삿짐을 챙기면서 부옇게 낡은 초등학교 졸업 앨범에서 사진에 적힌 담임 선생님의 말씀 "생존경쟁에서 패배하는 인간이 되지 말라."는 급훈을 발견하였다. 이 역시 우리나라의 60년대에 생존경쟁력이 있어야 살아남을 수 있음을 강조한 말씀 같았다.

사실, 두 탐험선의 바다 조건은, 일반적으로 북극은 육지가 많아서 남극보다 생존환경이 나으며 대원들의 수도 적은 쪽이 유리하다. 그러나, 생존한 쪽은 오히려 그 반대의 상황 조건에서 이뤄졌다. 그 생존의 힘은 철저하게 준비한 위대한 리더가 있었기 때문이다. '하늘은 스스로 돕는 자를 돕는다(天佑自助者)'란 말처럼, 하늘은 스스로 노력하는 사람을 도와 성공하게 만드는 것이다. 그만큼 리더가 긍정적이냐 부정적이냐에 따라서, 바다 역시 두 얼굴의 모습을 나타낸 것이다.

요즘은 대학에서도 장차 선박의 리더로 키울 학생들에게 '리더십 및 팀워크'라는 과목을 가르치고 있다. 재직 중에 우리 대학에서도 처음으로 그 과목을 신설하였을 때, 전공학과의 학생들에게 가르친 적이 있다.

오늘날 거대선巨大船이 바다를 누비고 다양한 선박 활동이 어느 때보다도 많은 시대이다. 특히 우리 한국 선박에 외국인들이 많이 승선하므로 이질적인 문화권에서 성장하고 생활해 온 선원들에게 승선 생활에 적응하기 위한 환경을 만드는 리더십과 팀워크가 강조되고 있다.

물론 일반적인 해난사고는 기술적 측면에서 발생한다. 선박 운항 중에는, 국제해상충돌방지규칙(COLREGS, 1972)을 해상에서 적용하여 항해하도록 규정하고 있다. 이런 과목은 기본적으로 가르쳤지만, 선박의 관리능력은 기술적인 선박 운용을 넘어서 포괄적인 리더십과 팀워크의 능력으로 이뤄진다. 북극과 남극, 두 탐험선 그리고 두 리더의 얼굴에서도 보았듯이, 날로 증가하는 대형 해난사고의 예방은 리더의 능력에 따라 결정된다.

최후의 위기에 필요한 생존의 힘은 리더십에서 나온다는 것을 증명하는 해난사고가 우리나라에도 일어나고 있다. 최근의 연안 여객선 전복사고(SW호)나 북태평양 어선의 침몰사고(OR호)는 리더의 과다한 욕심이 잉태하여 낳은 또 하나의 리더십 부재를 표출한 사고이다.

탐험선 칼럭호가 "Impossible!(불가능하다)"을 외칠 때, 인듀어런 스호는 Impossible 상황에서 리더십과 팀워크란 아포스트로피(')를 찍어서 "I'm possible!(나는 할 수 있다)"을 외치며 행동하였기에 생존할 수 있었다.

바다는 위기상황에서 항상 우리에게 두 얼굴을 내밀며 다가오고 있다.

⚓ '백경호'의 재탄생

"바다는 넓은 곳 젊은이 나라, 파도에 기르자 무쇠 팔다리 어린 넋 불태워 이 배를 밀어 가리, 통트는 새 아침 새날이 밝아온다."

이 노래 가사는 옛날 모교 대학의 교가校歌의 앞부분이다. 스무 살에 입학하여 청춘의 꿈을 키운 원동력이 된 가사이다. 그런데 칠순이 넘은 지금 지난날을 되돌아보니, 대학 교가라기보다 거친 파도에 도전장을 던지는 비장함이 숨어있는 것 같다.

북태평양 원양어업 해역의 도전은 60년대에 진입하여 정부가 국가재건의 기틀을 마련하고, 산업 발전으로 가난을 벗어나고자 경제개발 5개년 계획을 발표하면서 외화 획득의 초석이 되는 원양어업 개발의 필요성에서 시작되었다. 이에 따라 대학 실습선의 대형화가 강력하게 추진되었는데, 당시 국가 예산의 약 1,000분의 1(1억9백만 원)을 투입하여 1964년 '백경호(총톤수 389톤)'를 건조하였다. 이 선박은 다랑어 주낙 및 현측 트롤 실습을 목적으로 우리 나라에서 건조한 최초의 실습선이며, 당시의 사정으로 봐서는 최대,

최신의 어선이기도 하다.

선명 '백경호白鯨號'는 누가 붙였는지 정확히 모르지만, 아마 교수로 재직하셨던 향파 이주홍 선생이 작명했을 가능성이 크다. 당시 대통령이 명명장命名狀을 직접 써서 이 모 선장에게 수여하였고, 대한조선공사의 진수식에는 영부인과 몇몇 장, 차관들이 참석하기도 했다. 1965년에 진수하여 시 운전을 거쳐 1966년 여름 학생 원양실습을 겸하여 당시 수산청 지원으로 북태평양 시험 어업 조사에 도전하였다.

그때의 북태평양 어장은 영해 3해리 밖으로 서쪽은 쿠릴열도와 캄차카반도로 이어지는 공해상이며, 동쪽으로는 베링해와 알류샨 열도를 거쳐 미국 연안까지 조업하는 해역이었다. 여름철은 안개 밭, 겨울철은 파도 밭으로 태풍의 무덤이었지만 강대국 미, 소 및 일본의 주된 활동무대였다. 어족자원이 풍부하였으나 우리나라는 조업할 수 있는 국력이 없었다. 일부에서는 무모한 도전이라며 만류하였다고 한다. 물론 선점한 국가들도 방해하거나 비협조적이었다.

그러나 우리 대학은 황금어장의 개척이란 도전정신, 국민의 수산물 단백질 공급 및 경제부흥이란 국가의 원대한 목표에 부응하였다. 그래서 북태평양 어장에 대한 지식과 어로기술도 없었지만 89일간의 긴 시험 어업조사를 성공적으로 마무리하였고 우리나라 연안 어장보다 10배 이상의 풍부한 어획 자원을 확인하였다.

이로 인해 우리나라 원양어업의 개척에 신기원을 열었으며 한국 수산업 개척사에 영원히 부산수산대학 '백경호'의 이름을 남겼다. 마치 허먼 멜빌이 쓴 소설에 나오는 <백경>에서 '주인공의 광기 어린 집념'을 보는 듯했다.

그리하여 1966년부터 몇 개의 수산회사가 100톤급 정도의 소형 어선을 처음 출어시켰지만 거친 파도에 침몰하는 등 실패를 거듭하였다. 그 이후 대형화된 원양 트롤 어선이 도입되고 꾸준히 증가하여 1976년에는 전 세계에서 319척의 트롤어선이 조업하였다. 그러나 각광脚光 받았던 무주공산無主空山의 바다가 1977년 200해리 배타적 경제수역 EEZ가 선포된 이후 점차 척수가 감소하여 2020년 말 17척으로 현저히 줄었다. 업종별로는 북태평양 트롤 3척, 기지 트롤 14척 중에 대서양 11척, 남빙양 3척 등이다.

북태평양어업을 개척한 백경호는 1973년 학생실습을 끝으로 제 몫을 다하고 이미 역사의 뒤안길로 사라진 지 오래다. 그러나, '바다는 넓은 곳 젊은이 나라~'라고 외쳤던 그때의 부활을 염원한 몸부림이 또 다른 실습선 '백경호'(총톤수 3,990톤)를 탄생시켰다. 이전의 실습선 '가야호'의 대체 선박이다. 약 560억의 국가 예산으로 3년에 걸친 설계와 건조 기간을 거쳐 2020년 말 진수한 것이다.

이 두 번째 백경호의 건조는 내가 대학 재직 중에 총괄 책임을 맡은 마지막 업무였다. 선명은 공모하였지만, 관련 회의를 거쳐 나의 의견이 반영되어 최종 선명으로 결정된 이름이다. 그래서 우리 대학교의 역대 실습선 선명 중 유일하게 '백경'이란 이름이 두 번째 다시 탄생한 것이다. 그 얼굴 모습은 규모에서 10배 정도, 건조비는 무려 500배 이상 크게 확장되었고, 순수 국가 예산으로 건조된 두 번째 실습선이 된다.

돌이켜 보면 우리 대학교에서 '백경'이란 말을 찾아보기는 그리 어려운 것이 아니다. 첫 백경호가 실습선으로 사용된 이후, 졸업생으로서 원양어업에 종사하다 돌아간 동문의 넋을 기리기 위해 위령탑으로 '백경탑'이 세워졌다. 학교의 교사 등 건물의 신축으로 인해 여러 번 옮겨져 수난을 당하다가 졸업생들의 건립모금으로 지금의 위치인 '장보고관' 뒤편으로 옮겨왔다. 이 탑은 매년 어업학과(현, 해양생산시스템관리학부) 졸업생들이 모여 개교기념일에 참배하고 있다. 탑의 제단 측면에는 당시 대학의 교가가 '해양가'란 이름으로 바뀌어 새겨져 있다.

그 외에도 과거에는 재학생의 보컬 그룹 '모비딕(백경)'이 있었고, 교지 명이 '백경'으로 출판되었다. 그런데 세월은 많이 흘러서 변화되었고 지금은 유일하게 '백경탑'만 남아 있는 실정이다.

수산계 대학에서 가장 크고 현대화된 두 번째 '백경호'는 2021년부터 첫 원양실습을 시작하였다. 그러나 부강한 오늘의 현대산업적 시대 상황으로 보아 신조된 이 '백경호'가 어쩌면 우리 대학의 마지막 실습선이 될지도 모른다는 생각을 해본다. 아무튼, 새로 탄생한 '백경호'가 사라져 가는 옛 명성을 회복하여 국내외에 큰 영향력을 다시 한번 떨쳐주기를 간절히 소망해 본다.

⚙ 삼전사기의 도전과 끈기

　칠전팔기七顚八起란 말은 송나라의 '범엽'이란 사람이 저술한 후한서後漢書에 나온다. '일곱 번 넘어지고 여덟 번 일어난다'라는 뜻으로, 여러 번 실패하여도 굴하지 아니하고 꾸준히 노력함을 이르는 말이다. 인생의 머나먼 길을 헤쳐가다 보면 평탄한 길을 걷기도 하지만 산 넘고 물 건너면서 때로는 돌부리에 차여 넘어질 때도 있다는 것이다.

　이 칠전팔기는 운동선수나 성공한 사업가 또는 학업과 시험 등에서 승부욕, 인내심, 정신력 등을 거쳐서 새롭게 일어서는 데 용기를 주므로 우리들의 실생활에 응용하는 고사성어이다. 그런데 일곱 번이란 참 많은 고생을 뜻하는 수치라고 생각된다. 정말 일곱 번 넘어지고 일어난 사람이 있다면 큰 박수를 받을 만하다.

　나의 지난 날을 뒤돌아보면, 삼십 세 이전의 젊은 시절에 죽을 뻔한 고비가 세 번 있었고 이를 극복하여 일어섰으니, 삼전사기三顚四起라 할 수 있다. 원양어선에 승선하면서 두 번, 대학원생일 때

한 번이 그것이다.

첫 번째 죽음의 시련은, 북태평양 어장에서 조업 중에 그물이 스크루에 감기어 조종 불능어선으로 태풍을 맞이한 경우다. 일엽편주가 되어 거대한 열대성 저기압(태풍)을 정면으로 돌파하며 몰아치는 산 같은 폭풍의 마루와 골, 그 경사진 언덕이 마치 롤러코스터처럼 아이들이 매달려 소리 지르는 모습과 같았다. 당시 우리나라 언론에서도 대서특필되었다. 태풍과의 사투를 끝내고 일본 해상보안청의 구조선에 의해 구사일생으로 살아났다.

지금은 마치 소설에 나오는 이야기처럼 말할 수 있지만, 여태껏 제대로 인식하지 못하고 멍하게 아무 말도 하지 못한 채 넘겼다. 말없이 지낸 세월이 자그마치 반세기에 가까운 시간이지만, 아직도 그 기억은 생생하다. 당시 아무것도 그려져 있지 않았던 하얀 도화지 같은 내 머리에, 처음으로 붉은 갈피의 물감이 그려졌기 때문이다.

두 번째는 아프리카 연안 어장에서 같은 회사의 좌초 어선을 구조하면서 자연스럽게 사망의 공동체로 오인된 이야기다. 그 좌초 선박에 근무한 1등 항해사는 좌초로 인해 인근 구조 어선에 예인 로프를 건네려 하다가 바다에 빠져 사망한 것이다. 대학 졸업 연

도와 성씨가 같고 승선한 선명의 숫자만 다를 뿐 '지남호'란 이름
이 같았기 때문이다. 그 이야기는 이렇다.

대학 졸업 후, 승선 생활 3년 정도 하고 나니 거의 4년이 흘렀
다. 그 후 80년 서울의 봄, 모 수산회사의 서울 본사에서 육상 생
활을 하게 되었다. 고맙고 기쁜 마음 그리고 고향 죽마고우竹馬故
友도 만나볼 수 있다는 기대감이 넘칠 때다. 고향에서 들은 친구의
근무지로 전화를 걸었다. 그 친구는 가정 형편상 상고를 진학하여
졸업하고 서울 모 중학교의 서무실에 근무하고 있었다.

"여보세요? 안○○ 인가요?" "예, 그렇습니다만…." "내
군북의 김××다." "잘 모르겠습니다." "아니, 나를 몰라? 너,
우리 옆집에 살았고 초등학교 동기고, 마산에서 상고 나온 안
○○ 맞잖아. 목소리가 맞는데." "그런데, 모르겠는데요? 혹
시 고등학교 동기 김△△인가?" "아이참, 마산의 인문고에
다닌 김××다. 나를 모르다니, 서울에 근무하게 되어 군북 가
서 너희 엄마한테 전화번호 알고 네가 보고 싶어 전화했지."
"이상하네, 김××라고? 그럼 한 번 만나봐야 알겠네. ○○에
서 만나자."

그 친구와의 대화 내용이다. 전화를 끊고 생각해 보니 중학교

때까지 얼굴을 마주했으니까 11년이 넘었다. 고등학교가 달랐고 대학 진학 이후에도 보지를 못했으니 어쩌면 당연한 대화였는지도 모른다. 약속 장소에서 만나보니 그 친구가 맞았고, 그 친구는 나를 잘 알아보았다. 그리고 고개를 갸우뚱거린다. 그러면서 하는 말, "우리 고향의 친구, 김××는 맞는데…, 혹 이상하게 듣지는 마라." 하면서 "우리 고향 동네에서는 네가 배 타러 외국에 가서 사고로 죽었다는 말이 돌고 있어서 나도 그런 줄 알고 기억에서 너를 하얗게 잊고 살았다."고 하며 무척 좋아했다.

참 황당했지만, '와전訛傳이란 사람을 죽일 수도 있는 무서운 것이다.'라는 생각을 하며, 그때 아프리카의 좌초 사고에서 사망한 그 1등 항해사가 떠올랐다. 속으로는 '오래 살겠구나' 하면서. 그 친구와 그동안의 살아온 이야기, 서울에 올라와서 사는 이야기를 들으며 저녁 식사까지 하였다. 아무튼, 조금 씁쓸레한 마음이 든 것은 어쩔 수 없었다. 이게 죽음을 떠올린 두 번째 있었던 이야기다.

세 번째는 대학의 정문에서 발생한 교통사고였다. 서울에서 회사 생활을 하다가, 또 다른 죽마고우 강○○의 권유로 생각을 바꾸어 대학원을 진학하였을 때의 일이다.

석사 2년 차의 어느 봄날, 조교를 겸하여 근무를 마치고 퇴근하여, 대학 정문 앞에서 길을 건너 버스를 타기 위해 대기하고 있었다. 그때, 멀리 좌측의 구부러진 길에서 덤프트럭 한 대가 학교 앞 길을 향해 오고 있었다.

지금은 교통방송국이 저 멀리 보이는 곳이다. 그날은 비가 오고 있고 학교 정문 앞의 건널목 횡단 보도는 하나뿐이었는데, 하필 그 신호등이 고장 나 있었다. 우리 일행 세 사람은, 그 트럭을 보니 느린 것 같아서 횡단 보도를 건너기 시작했다.

그런데 횡단 보도 중간쯤 갔는데 언제 왔는지 그 트럭이 가까이 온 것이다. 007가방을 든 나를 쳐서, 횡단 보도 건너편의 마주 오는 차로로 튀어 나가고 등이 길바닥에 굴러 미끄러지며 6, 7m 정도 떨어져 나갔다. 순간 덤프트럭은 정지하였고 기사가 재빨리 뛰어와 내 얼굴을 만져보며 길에 앉혀 세웠다. 순간, 정신없이 앉았다가 벌떡 일어섰다. 길 위라서 반사적으로 선 것이다. 그 기사는 괜찮은가를 물었고, 별일 없는 것처럼 멍하니 있다가 걸어보았다. 왼손에 쥐고 있던 007가방은 차에 부딪혀 책과 자료들이 공중분해 되었다. 다행히 마주 오는 길에는 차가 오지 않았다.

당시 경성대학 옆에 있었던 재해병원으로 가서 교통사고라고 하며 의사의 진단을 받아 보았다. 그 당시는 아무런 증상을 느낄 수 없었다.

뒤에 따라오던 두 사람은 트럭이 다가오니 놀라서 다시 뒷걸음 질 쳐서 다치지는 않았다. 사고 며칠 후 가방이라도 보상받아야 한다는 주변의 조언으로 그 기사에게 전화를 여러 번 해보았지만, 받질 않았다. 그로부터 3개월 후쯤부터는 왼쪽의 엉덩뼈가 약간 아렸다. 조금 충격이 간 것이다.

그땐 대학 정문으로 나오면 왼쪽에 횡단 보도가 하나 있었다. 그 이후에 정문 앞길에서 학생들의 교통사고가 잦아 언제부턴가 정문의 오른쪽에도 횡단 보도가 생겼다. 돌이켜 보니 참 아찔했고 잘못되었으면 지금 이런 이야기를 할 수 없었을 것이다.

칠전팔기는 아니라도 삼전사기라고 할 수 있는 세 번째의 죽음 문턱을 넘었고 해양환경학을 전공하며 대학원을 졸업하였다. 하지만 액운 뒤에 행운이 온다는 말처럼, 운 좋게 이듬해 전임교수가 되어 실습선 선장 등으로 무사히 정년을 마치고 2등급 훈장까지 받았다. 죽음의 고난 속에도 고지를 바라보며 끈기 있게 그리고 무던히 노력하는 자세가 다시 일어서는 행운을 가져다준 것이다. 꽃은 햇빛이 오는 쪽으로 향하여 자라고, 인간은 꿈을 꾸는 쪽으로 성장한다는 말처럼.

사실, 사람이 한평생 살면서 숱한 경험을 하지만 생사를 넘나드는 고난을 겪지 않는 것이 축복이다. 그러나 세상은 어디 그렇게 평탄한 길, 꽃길만 있는 것이 아니다. 자의든 타의든 고난은 따르기 마련이다. 이것이 인생이다.

성경의 '욥'과 같은 인물도 세 번의 죽을 고난을 시험받았지만, 지혜롭게 잘 이겨냄으로 전보다 갑절의 축복을 받지 않았는가? 고난받는 것은 어쩌면 예비한 축복의 통로인지도 모른다. 그때마다 삼전사기 아니 칠전팔기처럼 불굴의 도전과 끈기, 소망을 가진다면 반드시 새로운 좋은 길이 열릴 것이라 확신한다.

현대그룹의 창업자, 고 정주영 회장의 명언이 생각난다. "시련은 있어도 실패는 없다."

(2024.05)

☀ "10년 뒤 '부산' 물에 잠긴다"라는 뉴스

지난 해 8월 모 방송에서 나온 뉴스 제목이다. 지구 온난화로 매년 해수면이 상승하니 10년 뒤 부산이 물에 잠긴다는 것이다. 그것은 전문가들의 연구결과가 잇따라 공개된 것이라고 한다. 그리고 그린피스란 환경단체의 말을 인용하기도 했다. 이에 따라 부산시가 해상도시 건설을 추진한다는 이야기다.

그런데 뉴스 제목에 놀라고 말았다. 10년 뒤라면, 얼마 남지 않았다. 그리고 부산 대연동과 남천동에서 산지도 이제 반세기가 되었는데, 그동안 해수면 상승이 그렇게 크게 변한 모습을 보지 못했기 때문이다. 또한, 해양물리학의 한 분야로 조석·조류에 관한 여러 가지 서적을 읽었고, 실제 해양에서 배를 타고 현장조사도 하고 대학 강의도 지금껏 해왔는데, 도대체 무슨 이야기인가 해서 자세히 뉴스 내용을 들었고 유튜브에서 검색도 해보았다.

'뉴스는 원래 쇼킹한 데가 있어야 많이 시청하는가 보다' 하는 생각을 다시 하게 됐다. 그래서 그런지 9개월이 지난 올해 5월 확

4부 두 얼굴의 바다

193

인하니 약 220만 명이 들었다. 더욱 놀라운 것은 '부산이 20년 뒤는 사라질지도 모른다.'는 보도 내용이다. 그 이유는 '2021년부터 2040년까지 매년 지구표면의 온도가 1.5℃ 상승하면 북극의 빙하가 거의 다 녹아 해수면이 부산을 잠기게 한다'는 것이다. 부산뿐이 아니라 다른 지역도 잠기는 곳이 많다고 한다.

하지만 그렇지 않다는 단서를 하나 발견했다. 그건 수치 시뮬레이션을 한 결과였다. 이것은 과거와 현재의 사정과 상태를 입력조건으로 하여 컴퓨터 예측을 한 것이다. 물론 시뮬레이션이 완전히 틀린 것도 아니지만, 완전히 맞는다고도 할 수 없다. 수치모델링을 해본 사람으로서 말하자면, 어디까지나 과거의 자료에 의해 계산된 결과로 이후의 상태 변화에 따라서 얼마든지 변동이 가능한 것이기 때문이다.

여기에서 관련 자료에 의한 교과서적인 기후변화, 즉 온난화로 인한 해수면 변동을 살펴보자. 지구의 기후계는 일반적으로 대기권, 수권, 지권, 생물권 및 빙권의 다섯 권역이 상호 작용하는 복합 시스템을 말한다. 이들이 에너지와 수분의 교환을 일으키며, 대기권을 중심으로 권역별로 상호 연결되어 모든 권역이 하나처럼 기능한다. 즉 기후계의 변화는 어느 한 군데에 국한되지 않는다는 의미이다.

최근의 기후변화로서 자연적인 요인은 태양에너지, 지구 공전 궤도의 변동, 화산분출 심지어 지판의 움직임을 들 수 있다. 그러나 이들의 변화는 기후변화에 지극히 점진적이며 백만 년 규모의 시간으로 아주 서서히 변하고 있다.

따라서 자연적 요인보다 인위적인 요인에 의한 기후변화를 주목해야 한다. 즉 인간활동으로 인한 기후변화가 심각하게 작용하고 있다고 보아야 한다. 그 예로, 기후 과학자들은 약 97%가 압도적으로 지구 온도변화가 인간의 활동 때문이라고 응답한다.

인간활동에 의한 기체 배출 원인은 여러 가지가 있지만, 그중에서 자동차, 공장, 발전소에서 화석연료를 에너지로 바꾸면서 배출한 것이 이산화탄소이며, 지구 온난화에 대한 온실효과의 주범이다. 다시 말하면, 지구의 온실효과에 대한 상대적 기여도가 대기 기체 중에서 약 60%를 차지한다. 그래서 지표의 평균온도는 지난 100년 동안 0.6℃, 1965년 이후로 하면 약 0.8℃ 상승하였다. 온난화 속도로 보면 지난 50년 동안이 그 전의 100년 동안의 속도보다 2배 상승한다는 결론이다. 더욱이 기온 측정 결과로 보면 가장 더웠던 10년은 2000년도 이후로 몰려있다는 것이다.

그 결과, 해양의 온도가 상승하고 극지방의 얼음이 녹기 때문에 해수면의 상승도 일어난다. 예를 들어, 북극 빙하 지역을 위성으로 감시한 자료에 의하면 해빙으로 덮인 면적이 1978년 약 750만 km²에서 2014년 약 500만 km²로 관측되어, 36년 동안 250만 km²의 얼음이 사라진 것이다.

사라진 얼음은 해수면을 상승하는 직접적인 요인이 된다. 전 세계의 관측 조위 자료를 분석한 결과를 보면, 해역에 따라 다르지만 지난 100년 동안 해수면이 10~25cm(1~2.5mm/년)만큼 상승하였다. 그런데 1993년부터 위성 관측된 자료는 연평균 3mm씩 상승하고 있다고 한다. 그 상승속도가 더 빨라질 전망이다.

그래서 우리가 관심을 가져야 할 것은 오륙도가 있는 최근의 부산항 조석 관측에 관해서 관련 논문을 살펴볼 필요가 있다. 부산항은 반일주조형으로 1일 2회 고조와 저조가 형성된다. 즉 고조와 고조의 간격이 약 12시간 25분인 셈이다. 연평균 해수면은 2~3월이 가장 낮아 60cm, 8~9월이 가장 높아 80cm 정도이다. 이런 평균 해수면을 12년(1989~2000)간 실측한 자료에 의하면 약 4cm 정도 상승하였다. 연평균 3.3mm 이상씩 상승한 셈이다.

이로 보건대, 우리가 아침저녁으로 보는 오륙도는 머지않아 해수면 수위가 어느 정도 상승하면 솔섬 아랫부분이 드러나지 않아 '방패섬'과 '솔섬'이 완전히 분리되므로 5도를 볼 수 없고 6도로 보일 때가 올 것이다. 어쩌면 부산이 물에 잠기기 전에 오륙도가 먼저 잠길 테니 주의 깊게 조사 관찰해야 할 것이다.

반면에, 우리는 「78 : 22의 자연(창조)법칙」을 되새겨 보아야 한다. 이것은 유대인의 가치관으로 과학적인 근거는 아직 미흡하지만 신묘막측하다고 본다. 크게는 무한한 우주의 원리에 적용되고 작게는 사람의 수분함량과 인체의 비율에도 이 법칙이 맞게 접근한다. 즉 사람은 78%의 물을 지니고 있다는 것이다. 심지어 유대인은 금전이나 기업의 경영전략에도 적용하며 이 법칙을 따른다. 예를 들면, 세상의 부는 22의 사람이 78을 갖고, 어떤 물건의 원가가 78원이면 거기에 이윤을 22원 붙여서 100원에 판다는 전략이다. 그 이상의 이윤을 생각하지 않는다. 과다한 욕심은 패망의 지름길이기 때문이다.

마찬가지로 바다와 육지의 면적 비율 역시 「78 : 22의 자연법칙」으로 설명할 수 있다. 상당히 맞는 말이다. 이것은 천지 창조의 처음 비율일 것이다. 왜냐하면, 지금의 바다는 각국에서 건설이란 명목의 많은 매립으로 인하여 육지가 조금 늘었다. 그래서 현재는 약 71 : 29 정도이다. 이것은 인위적인 변동으로 자연의 법칙에서 약간 벗어나 있다. 즉 자연적이지 않다는 뜻이다.

그러므로 지구의 기후 온난화를 통해서 해수면을 높여 원래 비율로 되돌리고자 하는 창조주의 뜻을 금세기의 우리에게 암시하고 있는 것은 아닐까? 지금과 같이 계속되는 해수면 상승으로 진행되면 바다의 면적이 언젠가 78로 환원되어 처음의 비율로 돌아갈 것이다. 그러면 다시 빙하시대로 접어들게 된다. 긴 안목으로 보면 오늘날과 같은 걱정은 안 해도 되지 않겠는가?

아무튼, 해상도시 건설을 추진하여 미래를 대비해야 하는 것은 바람직하지만, 그래도 고려해야 할 것들이 많기에 조심스러운 생각이 든다. 우선 그것이 완전한 대비책이 아니고, 막대한 건설비용과 사후 관리 문제 등을 먼저 고려해야 할 것이다. 그리고 태풍에 취약하거나 수질오염으로 악취가 날 수도 있다. 차라리 내륙 쪽으로의 시설추진이 효율적이지 않을까?

끝으로 《시카고 트리뷴》지의 최연소 기자였던 '리 스트로벨'의 기자 근성을 떠올려 본다. 무신론자인 그는 가장 위대한 뉴스라고 할 수 있는 「예수의 사건」을 거짓으로 보고 철저하게 조사하여 진실을 파헤치고자 하였다. 그런 그가 이제는 진실을 밝혀줄 압도적

증거와 전문가의 증언을 통하여 얻은 예수는 역사다라는 책을 증거로 제시하고 있다. 그는 꾸미거나 단순화된 뉴스는 거절한다.

뉴스는 시청자들에게 경각심을 고취시킨다는 점을 염두에 둘 수 있겠지만, 너무 지나치면 그 뉴스를 믿는 사람도 드물 것이다. 그러니 보도 제목이 사실에 접근된 표현은 물론 보도 내용에 충실한 근거를 찾아 신뢰할 수 있는 뉴스 기사가 되었으면 한다.

해상도시건설 또한 뉴스에 그치겠지만, 타당한 많은 자료와 토론을 거쳐 긴 안목으로 시행되어야 할 것이다. 그리고 지구 온난화와 해수면 상승은 금세기 우리에게 주어진 과제임이 틀림없지만, 온실기체(이산화탄소 등) 감축 방안 등의 환경 개선을 먼저 고려한 후에 해상시설물을 설치해도 늦지 않을 것이다.

"10년 뒤 '부산' 물에 잠긴다"라는 뉴스를 접하면서, 프랑스의 철학자 루소의 "자연으로 돌아가라"란 말이 새삼 떠오른다.

(오륙도문학 제30호, 2022.12)

제5부

풀솜할아버지

☸ 나가사키와 카스텔라

학생실습으로 대학 실습선(가야호)을 타고 일본의 주요 항구인 도쿄항, 오사카항 등을 비롯하여 남쪽 오키나와에서 북쪽 하코다테까지 많은 항구를 두루 돌면서 입출항하였다. 나가사키항(長崎港)은 부산에서 제주도 가는 거리보다 약간 먼 곳으로, 조그마한 항구도시이기에 우리 학생들에게 인기가 있는 항구는 아니다. 그렇지만 두 번 정도 드나든 것으로 기억된다.

나가사키를 마지막으로 입항한 때는 2008년 1월 겨울방학 중 12일 동안 대학 누리사업의 하나로 나가사키대학과의 학술 교류를 겸하여 실습한 경우이다. 실습 첫날은 교직원과 실습생들 71명을 태우고 오후 5시경 부산을 출항하여 우리나라 근해를 항해하였다. 큰 너울이 계속되었지만 트롤 조업을 해서 학생들에게 어로 작업을 견학하게 하며, 어획된 고기를 생선회로 만들어 먹으면서 항해를 계속하였다.

셋째 날 아침 9시가 되어서 나가사키 항에 입항하여 입국 수속을 마치고 나가사키대학에서의 세미나를 준비하며 휴식을 취하였다. 넷째 날인 15일, 학생들을 데리고 나가사키대학을 방문하여 그 대학교수들, 대학원생들과 함께하는 학술 세미나에 참석하였다.

대학을 둘러보며 대학서점에서 나의 연구와 관련된 天災·人災와 海洋環境 어세스먼트란 서적 2권을 구입했다. 오후 5시 반부터는 대학교수, 직원 및 학생들을 실습선으로 초대하여 두 대학의 관련 연구자, 대학원생들이 서로 교류하며 발표한 과제를 이야기하는 시간을 가졌다.

실습선에서는 한식 뷔페를 준비하여 대접하고 식후에는 미리 준비한 한국 막걸리를 선보이기도 했다. 모두들 맛있다고 '오이시이~'를 연발하였다. 여흥으로 나가사키대학의 한 교수가 한국 노래를 멋지게 불렀다. 제목은 잘 기억나지 않지만. 이어서 우리 대학 선장님도 한 곡 부르고….

이젠 지도교수인 내 차례가 왔다. 평소 가요를 불러보지도 않았는데 고민이 되었지만, 여기가 나가사키가 아닌가? 불현듯 떠오르는 일본 노래가 생각났다 나가사키에 딱 맞는. 제목은 '나가사키와 교모 아메닷타(나가사키는 오늘도 비가 내렸더라).'였다.

그 옛날 대학 졸업한 해에 북태평양 원양어선 항해사로 승선했을 때, 브리지(船橋)에서 틀어준 노래로, 당시의 1등 항해사가 자주 흥얼거리며 부르던 일본 가요이다. 마침 배 안에 노래방 기기도 있고, 그 가사 테이프가 있어서 목청을 돋우어 따라 불렀다. "아나타 히토리니 가케에타 코이 아이노 고토바오 시인지타노 ~". 첫줄 가사를 번역하면, '당신 한 사람에게만 걸었던 사랑, 좋아한다는 그 말을 믿어왔어요 ~.'란 뜻이다.

젊을 때 일본어를 몇 년간 공부한 적도 있으니 따라 하는데 무리가 없었다. 다들 "스고이!" 하면서 박수하며 좋아했다. 이때 부르려고 약 32년 전에 곁눈질하며 따라 해본 것인가 하는 생각이 드니 웃음이 나왔다. 저녁 8시가 넘어 아쉬움을 달래며 헤어지면서 실습선의 사진 등 홍보물과 함께 조그마한 기념품을 전달하기도 하였다. 여섯째 날은 일본 서해구 수산연구소를 견학하며 하루를 보냈다.

그리하여 공식적인 학술 교류 행사와 연구소 견학이 끝나고 출항하는 마지막 날을 제외하면, 이틀간의 시간적 여유가 생겨서 모두 자유롭게 시내의 명소를 둘러보도록 자유시간을 가졌다. 어쩌면 이날을 기대하며 참여한 학생도 있을 것이다. 여비도 들지 않고 숙식은 실습선에서 제공하니 얼마나 좋은가?

자유시간이라 홀가분한 마음을 갖고 모두 삼삼오오 짝을 지어 시내 구경과 쇼핑 등을 즐기러 나갔다. 내 역시 다른 교수들, 선박 사관들과 함께 부두에서 출발하여 시내를 걸어가면서 여기저기를 기웃거리며 다운 타운까지 간 것이다. 부두에서 조금 걸어나가니 거대한 볼링 핀이 마치 기념탑처럼 높이 세워져 있는 것이 아닌가? 신기하여 살펴보니 그 밑에는 서양문물인 볼링이 나가사키에 처음 들어와 볼링장이 있던 곳이라 적혀 있었다. "아, 그렇구나!" 여기가 일본에서 서양문물을 최초로 받아들인 곳이란 느낌을 받았다.

다음으로 오우라 천주당으로 가는 언덕길과 양옆으로 기념품 가게들이 있는 곳이다. 천주교에서 직접 판매한다는 기념품 상점을 들러서 황동 잔을 하나 샀다. 이 찻잔은 일반 도자기 재료와는 다르게 잔 바깥과 손잡이가 구리로, 안은 스테인리스로 만들어져 있어 고풍스럽게 보여 마음에 들었고 커피나 차를 마시면 왠지 느낌이 좋을 것 같았다. 이렇게 해서 시내 구경 첫날은 여유롭게 보내고 실습선으로 돌아왔다.

다음 날 아침은 어제 자유시간을 가졌던 정보원들이 구경했던 여기저기의 정보들을 들을 수 있었다. 역시 나가사키 하면 '짬뽕과 카스텔라'라는 말은 들어보았고 해서 카스텔라를 한 번 사 먹어보고 싶었다.

어릴 적 내가 먹어 본 '카스텔라'라고 하는 빵은 노란 색깔을 내며 밀가루 알갱이들로 만들어졌고, 위의 표면에는 진한 고동색의 얇은 막이 덮어져 있으며 빵의 바닥에는 기름종이와 같은 얇은 막이 깔려있었다. 잘 부서지기도 해서 조심스럽게 조금씩 떼어먹으면 달고 입에 살살 녹아 부드러운 느낌을 준 빵이다. 어떤 때는 너무 맛있어서 바닥에 깔린 기름종이가 있는 줄도 모르고 일부를 먹기도 했지만.

'카스테라'는 일본식 발음이고 서양식 표현은 '카스텔라castella'이다. 일본에서의 '카스테라'란 빵은 프랑스와 포르투갈 출신 예수회 신부들이 나가사키에서 포교활동을 하면서 만들어 먹고 현지인들에게도 나누어 준 것으로 알려져 있다. 이 카스텔라를 일본인들이 자신들만의 방식으로 개발하여 18세기 이후 급속히 일본 음식으로 진화했다고 한다.

우리나라의 빵pan은 1920년대 후반에 일본에서 전해진 것으로 '서양 떡'을 말하며 사탕, 계란, 밀가루 등으로 만든다고 한다. 그

떡이 아마 오늘날의 카스텔라일 것 같다. 카스텔라 빵 말고도 오늘날 우리가 즐겨 먹는 건빵, 단팥빵 역시 일본에서 우리나라에 전래 되었다고 한다.

나가사키에서 카스텔라를 만들어 파는 빵집 중 오랜 전통과 맛을 자랑하는 유명한 곳이 3곳이나 된다고 한다. 내가 간 곳은 이름이 기억나지 않지만, 부두에서 가까운 곳으로 기억된다. 들어가서 가격을 물어보니 우리 빵의 크기에 비해 비싸고 거기에다 100엔은 900원 정도이니 사 먹고 싶은 생각이 나지 않았다. 그래도 맛은 봐야지 해서 중간 접시에 하나 놓으면 되는 직육면체 모양의 조그마한 카스텔라 2개를 사서 먹으니 금방 없어졌다. 맛있는지도 모르고 매우 달달한 느낌이었다. 우리나라에서 파는 카스텔라와 어떤 차이가 있는가를 잠시 생각해 보았다.

이틀간의 자유시간을 즐겁게 보내고 19일 저녁에 출항하여 23일 아침 부산항에 입항하였지만, 항해 중 3일간 해상의 날씨가 좋지 않아 눈 오는 날, 파랑주의보가 발효된 날도 있어 다소 힘들었다.

그 이후 학교생활은 바쁘게 흘렀고, 4학년 학부생 중에서 군 복무를 마친 정모 군을 내 준비실에 근로 장학생으로 배정했다. 4학년이라 졸업을 위해 논문자료를 주어 준비시키고 발표도 연습하게 하는 논문지도를 해준 적이 있다. 정군의 꿈은 대학원에 진학하여 졸업 후 국제기구단체에 취업하고 싶다고 했다. 그래서인지 노르웨이 대학의 대학원에 진학하고자 다녀왔으나 여의치 않았고, 가까운 일본 나가사키대학 대학원 석사과정에 입학이 되어 2016년 3월에 출국하였다.

그 이후 가을인가 우연히 페이스북을 보면서 대마도 해상에서 어업에 관한 자원조사를 위해 그 대학 실습선을 타고 조사하는 정군의 사진을 발견했다. 그런데 정군이 출국한 지 1년 후에 잠시 귀국하여 내 연구실에 찾아온 것이 아닌가! 정말 반가웠다. 일본 연안에서 어획물 조사를 통해 어류 자원을 조사하는 연구를 지도교수님 밑에서 배우고 있다고 한다. 나가사키 카스텔라를 한 롤 들고 왔기에 그 옛날 나가사키로 실습 갔을 때 빵값이 비싸다고 느꼈던 생각이 떠올라 "뭘 이런 걸 사 왔느냐"고 하면서 다음에는 그냥 오라고 했다.

그리고 가져온 카스텔라를 그 자리에서 잘라 준비실에 있는 다른 재학생들과 함께 나누어 먹었다. 녹차를 한잔하면서 먹어보니 역시 달다는 것과 입에 넣으니 부드럽고 살살 녹는 정도의 맛을 느꼈다. 남은 것을 오래 두면 안 될 것 같아 집으로 가져가 아내에게 맛을 보였더니 역시 표현할 수 없지만, 맛이 특별하다고 한다. 아무튼, 나가사키에 유학 간 제자가 사 왔으니 고맙고 나가사키 카스텔라와 세 번째 연緣을 맺은 것이다.

또 한 번은 2017년 12월 말에 나가사키 정군이 내 연구실을 찾았으나 안 계시더라면서 문자메시지가 오기도 했다. 그땐 답도 못 해 주었다. 나도 실습센터 소장을 하며 새 실습선 건조 업무 등으로 분주한 시기였기 때문이다.

2018년 1학기도 작년에 이어 '리더십 및 팀워크'라는 과목이 더해져서 강의시수가 11시간이 된 학기였다. 그리고 이번 학기가 끝나면 8월 말에 정년퇴직하게 된다. 게다가 연구 관련 세미나 참석을 위하여 5월에 11일간 미국 미네소타 대학으로 공무출장을 간 적이 있다. 출장을 마치고 학교에 가보니, 강 조교가 찾아와 이렇게 이야기하는 것이다.

한 학생이 찾아와 교수님을 뵙고자 했는데 안 계신다고 하니 가져온 선물 카스텔라를 저에게 맡기고 갔는데, 교수님이 미국 출장 중이셔서 오래 두면 상할 것 같아 조교들이 나누어 먹었다고 하면서 죄송하다고 말한다. 나는 "잘 했다"고 했고 정군이 왔구나 하는 생각이 들었다. 조교는 근무한 지 1년 정도 되었고 우리 학부 졸업생이 아니니 당연히 그 정군을 잘 모르고 있었다.

오늘 '나가사키와 카스텔라'라는 글을 쓰면서 카카오톡에 있는 정군 전화번호를 찾아보니, 대문 사진에 나가사키대학 '博士後期課程'이라는 글자가 새겨져 있는 것이 아닌가! 지난해 가을 학기부터 박사과정에 입학한 모양이다. 그래서 바로 문자를 보내어 지난번 못 봐서 미안하고, 그동안 새 실습선 건조, 강의, 외국 출장 및 정년퇴직 등으로 바쁘게 시간을 보냈다고 했다.

이제는 한가하니 한국 오게 되면 늦게나마 박사과정 입학도 축하하고 맛있는 거 사 주겠다고 전했다. 그랬더니 금방 답이 왔다. 정년퇴직 축하드린다면서 한국 가면 들리겠다고 한다. 그러고 보니 또 나가사키 카스텔라가 생각난다.

이번에 사 오면 정말 맛있게 음미하며 그 유명한 나가사키 카스텔라의 진면목을 다시 한번 느껴보리라 다짐해 본다. 그렇게 되면 나가사키 카스텔라와 네 번째 연이 되지 않을까? 떡 줄 사람은 생각도 안 하는데 괜히 김칫국부터 마시네.

(부산문학, 2019.06)

✷ 조선인 위안부

위안부慰安婦란 '주로 전쟁 때 군대에서 군인을 성적性的으로 위안하기 위하여 동원된 여자'라고 정의한다. 그런데 우리 나라에서는 과거 이런 용어가 없었다. 여기 '주로 전쟁 때'란 일본의 천황 시대에 천황의 군대가 전쟁을 할 때를 의미하며, 이 때 만들어 낸 용어라 할 수 있다. 그런데 일본어 대사전 고지엔広辭苑의 설명에 의하면, '전쟁터 부대를 수행하여 장병을 위안한 여자'라고 아무렇지도 않게 씌어 있다. 그러나 사실상 군대의 성욕을 채우는 '군대 전용 여랑(창녀)'을 말하는 것이다.

최근 우리 나라에서도 '위안부'에 관한 기사가 세간에 자주 등장하고 있다. 특히 고려대학교 이영호 씨는 그의 논문 위안부 문제의 등장과 재일조선인 김일면 - 잡지 계간 '마당'의 기사를 중심으로 -의 초록에서 다음과 같이 발표하였다.

「1973년 센다 가코(千田夏光)를 통해 위안부 문제가 세상에 처음 알려졌고 이후 재일조선인들은 위안부에 관련된 다양한 활동을 했다. 관심은 1974년 김일면金一勉으로부터 시작됐다. 김일면은 위안부를 '조선멸망을 위한 일본의 방책'으로 파악해 가해자 일본과 피해자 조선의 구도를 구축했다.

또한, 재일조선인 잡지 마당의 지면을 통해 위안부 문제를 알렸으며 잡지 종간 이후에는 단행본 세 권을 출간하며 1970~80년대 위안부 문제의 실상을 일본에 알렸다.

지금까지 임종국의 저서로 알려져 수많은 연구의 참고문헌으로 활용된 정신대 실록은 실은 김일면이 1976년 일본에서 발표한 천황의 군대와 조선인 위안부의 번역본이었다. 그리고 1982년 한국 최초로 위안부를 소재로 다룬 에미 이름은 조센삐였다는 소설은 김일면의 자료를 기반으로 탄생한 작품이었다.

이와 같이 김일면은 한국의 위안부 연구에 많은 영향을 끼쳤음에도 불구하고 재일조선인으로 일본에서 활동한 점과 임종국에 가려져 거의 주목받지 못했다. 하지만 김일면은 1970년대부터 일본에서 위안부 논의를 위한 환경을 조성했고 위안부 문제를 공론화하며 거듭 문제를 제기했으며, 그로 인해 1980년대 이후 한국의 위안부 연구에 상당한 영향을 끼쳤다.」

(이영호, 일본학보 제113집, 2017.11)

이 논문에서 '위안부'에 관한 한 한국인으로서는 김일면 씨가 최초임을 밝힌 것이다. 재일조선인 평론가로 알려진 김일면(본명 金昌奎)은 1920년 경남 진주에서 태어나 19세의 나이에 일본 도쿄로 유학을 떠났다. 암울했던 식민지 조선의 한을 달래며 배고픔과 인종차별이 심한 가운데, 독학으로 주경야독하며 배움의 길에서 숱한 어려움을 물리치고 당당하게 메이지대학 대학원 석사과정을 마쳤다.

김일면 씨는 현지에서 일본인 여성과 결혼했지만, 조선인으로서의 자긍심을 버리지 않고 조선인 이름으로 살기를 고집하며, 한일 관련 역사 평론가로 활동하였다. 첫 작품은 박열(1973)이란 제목으로 일본에서 항일투쟁한 기록을 생생하게, 좌고우면하지 않고 기술하였다. 몇 년 전 한국에서 '박열'이란 영화가 상영되었는데, 이 또한 그의 저서를 기반으로 탄생하지 않았을까? 그리하여 한일관계의 민족적 시각을 바탕으로 천황의 군대와 조선인 위안부(1976)를 포함하여 총 14종의 책을 저술하였다.

특히 그의 진면목을 알 수 있는 조선인이 왜 '일본 이름'을 써야 하는가(1978)란 제목의 저술도 남겼으니 조국 조선에 대한 애국심이 남달랐다고 할 수 있다. 이뿐 아니라, 해방되기 전의 젊은 시절부터 일본인 처와 딸의 삶을 통해 조선인으로서의 생활기록을 적나라하게 기록한 일본인 처와 살다(1979)란 체험수기도 발표하였다.

여기에 소개하는 천황의 군대와 조선인 위안부는 일본 군대와 그 전쟁의 비사秘史를 기술한 것이며, 특히 군대 위안부는 일본 군대가 주둔하는 곳곳에 자연스럽게 설치되어 시행한 것임을 최초로 폭로하였다. 실로 세계 군대 역사에서도 그 유래를 찾기 힘든 것임을 밝혔다.

그리고 일본 군대는 전쟁터에서 20만 명에 달한다고 생각되는 '위안부'를 껴안고 있었지만, 그 8~9할까지는 16~19세의 조선인 처녀를 속여서 투입한 것이다. 이 씻을 수 없는 죄업은 일본의 매춘 업자, 일본 군부, 조선총독부 - 그들의 공동 연계와 분업 하에서 실현한 것이다. 그 처녀들의 대다수는 일본의 패전 후 현장에서 버려지거나 희생되었다. 그래서 살아남은 소수의 여자들도 다시 고향 땅을 밟기는 매우 어려운 상황이었다고 기록하고 있다.

그럼에도 불구하고 일본군 수뇌부, 조선총독부가 패전과 동시에 모든 자료를 은폐하고 말소한 후 입을 굳게 다물고 있음을 매우 안타깝게 항변하고 있다.

또 저자가 이 책의 '후기'에서 밝혔듯이, "본 원고를 쓰기 위해 일본 전쟁기록을 음미하고 있던 초기에는 책상에 앉아 30분 정도 지나면 암울함에 사로잡혀 글을 써 나갈 수 없었다. 그만큼 대상의 내용은 심각한 것이었다. 본서에서 설명한 것들은 빙산의 일각이지만, 전체적인 맥락을 언급하였다. 곰곰이 생각하면 할수록 몸의 털이 곤두서는 소름이 끼치는 자료뿐이다."

"어떻든 나 자신은 이러한 자료들을 하나의 '신기한 흥밋거리'로 기술하는 것이 아니다. 과거 인간세계의 불순물로서 저장된 전쟁행위를 통해서 발전적인 역사적 교훈을 얻기 위함이다. 이 책에 수록되지 않은 부분도 꽤 남아 있다."라고 적고 있다.

필자는 어린 시절 시골에서 대가족으로 살았으며, 조부모로부터 저자에 관한 일본에서의 생활과 저술 활동에 대하여 들은 바 있다. 덧붙이자면 저자는 우리 조부모의 4남매 중 장남이고, 바로 아래 동생이 나의 부친이다.

그래서 대학 재직 중 도쿄를 방문하여 저자를 직접 만났으며, 친필의 편지를 받기도 하였으나 그로부터 3년 후에 돌아가셨다는 편지를 그의 딸에게서 받았다. 그 이후 산소를 찾았으나 묘비명에는 이름도 없었다. 일본 국적이 아니기 때문일 것이다. 비통한 마음을 금할 수 없었다.

그 짧은 만남 후 바로 필자에게 보낸 편지에서도, "청년의 시대에 가혹한 식민지에서 글을 제대로 배우지 못한 반야만적 존재였다."…(중략). "사람이 80세까지 (일본에서) 살고 책을 쓴다는 것은 너무나 가혹한 시간이었다."라고 고백했다. 그러나 그 숭고한 뜻이 왜곡되어 한국 내 일부 지식인의 그릇된 전달 방법으로 빛을 보지 못하였다.

해방 후 그토록 조부모로부터 귀국을 종용받았지만, 임종의 그날까지 60년 이상을 그의 이름 뜻 그대로 오로지 한 가지에 매달려 조국 조선을 향한 애국심과 일본을 향한 저항심으로 한평생 교훈적 필적을 남겼고, 이를 후세에 전하고 싶었던 것이리라.

비록 저자는 고인이 되셨지만, 재일한국인으로 일본인의 치부를 드러내어 일본 사회에서 배척당한 당시의 안타까움을 깊이 인식하였다. 그리고 뜻있는 몇몇 사람들이 모여 저자의 저술에 관한 연구 활동을 계속하고자 연구소를 열었다(제일한국인 평론가 김일면 연구소). 이제라도 그 뜻이 한국인에게 바르게 잘 전달되었으면 하는 마음 간절하여 조선인 위안부(국학자료원, 2022)를 첫 역서로 내놓았다.

이 책을 읽음으로 망국의 희생양이 된 위안부들의 고통과 한, 비애를 통감하며, 나라 잃은 국민만큼 어리석은 자가 없음을 새삼 깨닫게 한다. 역사상 씻을 수 없는 반인륜적 만행을 서슴지 않았던 일본인에게 진정한 사과와 보상을 촉구하는 한편, 무능하고 연약했던 우리 조국을 돌아보며 국력의 중요성, 국론의 통일과 화합성을 다시 한 번 상기시킨다.

이 시대를 사는 우리는 지난 날을 회고하고 반성의 계기로 삼아 불행한 과거가 두 번 다시 반복되지 않도록 역사적 교훈과 함께 뼛속 깊이 아로새겨야 할 것이다.

(오륙도문학 제29호, 2021.12)

⚓ 백구는 빨갛게 물들고

시월의 어느 멋진 마지막 목요일을 시작으로, 단풍이 무르익은 합천군 가야산 기슭에 두 팀의 목골당(목요골프모임) 백구들이 숨어들었다. 이틀간의 아델스코트 품에서 백구(골프공) 놀이를 하자며. 두 달 전부터 벼르고 벼른 곳이기에 상기된 모습으로 부산에서 두 시간 이상을 달려왔다.

점심 식사는 근처 유명맛집에서 김치 반 돼지고기 반으로 조합한 찌개를 맛있게 먹으며 다들 좋아했다. 시간이 없다며 서로 독려해 가면서 커피도 한 잔 마시고.

아델스코트는 여느 골프장처럼 입구에서 우리를 반갑게 맞아주었고, 나는 카운트에서 옷장 번호 102번을 손에 쥐고 채비를 한 후 시간에 맞추기 위해 카터 차가 있는 출발 마당으로 갔다. 우리 두 팀은 대기 중 사진도 두세 컷 하면서 포즈를 취했다. 서로를 보며 프로 같은 모습이라고 웃으며 치켜세운다.

첫날 오후 마운틴 코스의 첫 홀에 도착하여 준비운동을 하고 백구 놀이 순서를 제비 뽑았다. 우리 첫째 팀이 먼저 티업(Tee-off) 시간 12:39분에 맞춰 드라이브로 초구를 날렸다. 티 박스의 백구는 제각각이었다.

1번 백구 : 하늘 높은 줄 모르고 뿅 샷을 올렸고

2번 백구 : 페어웨이가 좁은 듯 마구 날렸다. 뽀올! 하며 크게 외쳐야 할 판이다.

3번 백구 : 그나마 실력 꾼이라 안착하여 가슴을 뿌듯하게 내민다.

4번 백구 : 조심스럽게 공을 힘껏 쳤는데 어디로 갔는지 보이지 않는다. 캐디도 모른다. 아쉬워하며 눈치를 본다. 하나뿐인 멀리건을 써버렸다.

첫 홀이라 아직 몸이 굳어서 그렇다고 변명하며 웃으면서 두 번째 홀을 시작하였다. 전반부 9홀을 그렇게 그렇게 돌고 나서 다시 출발 마당으로 돌아왔다. 잠시 휴식을 취하며 커피를 찾았으나 캐디는 조용히 사라졌다. 자신이 한 역할이 마음에 들지 않아서일까? 우리 팀에 속한 최 당수가 대표로 씨씨 본부 담당자에게 이런저런 항의를 쏟았다. 공이 어디 있는지도 모르고 남은 거리도 제대로 맞지 않았다며 캐디피를 줘야 하나 할 정도라고.

담당자는 원래 지정된 우리 캐디가 바쁜 일로 출타해서 대신 보냈다고. 후반부에도 다른 캐디를 교체할 멤버가 없다며 변명한다. 화가 난 당수는 인터넷에 올리겠다고 으름장을 놓았다. 최 당수다운 말이다. 그랬더니 잠시 후 그 담당자는 골프공을 2박스 가지고 와 협상하는 눈치다. 할 수 없이 받아들였다.

후반부 9홀(Hill 코스)을 시작하였는데 전반부보다 더 스코어가 좋지 않았다. 거기다가 17홀부터는 어두워져 야간 등을 켜고 시작했다. 친 공은 똑바로 가도 잘 보이지 않는다. 이렇게 해서 18홀은 무사히(?) 끝났다. 나온 전적은 90타를 전후하였고 우리 첫째 팀은 아무도 버디가 없었다. 다들 불평을 한다. 캐디는 훈련생이라 도움이 안 되었다고. 그리고 보니 마운틴과 힐 코스는 글자 그대로 페어웨이도 그린도 울퉁불퉁하여 파도 밭을 항해하는 듯했다. 그런데 10월 말의 가야산은 단풍이 무르익었고 높은 산이 병풍처럼 둘러싸여 풍경은 그저 그만이었다.

한편 우리 뒤에 바싹 따라온 두 번째 팀 중에서 버디를 한 백구가 한 명 있었다. 두 팀 중 가장 실력이 좋았다. 조 백구란 프로는 한 달에 두 번 정도는 백구를 날리니 그런가 보다 하며 서로를 위로한다. 그러면서 스크린에서 닦은 실력은 아무 소용이 없다며 불평한다.

저녁 식사라도 잘 먹어야 한다며 가야산 중턱을 넘어 15분 거리에 있는 이웃 거창군의 맛집으로 향했다. 거기서 돼지 석쇠구이를 맛있게 먹었다. 2인분 추가하면서까지. 그러고 나서 우리 두 팀은 씨씨의 숙소로 가면서 간단한 간담회 간식을 위해 슈퍼에 들렀고, 4개의 방을 배정받고 당수 룸에서 8명이 모였다. 평소 약주를 즐기는 최 백구는 선물 받은 와인을 1병 가져왔고 스낵 과자와 홍시도 있어 나누어 먹었다. 오늘은 잊고 내일의 백구 놀이를 잘 해보자고 다짐하며 파이팅을 외쳤다. 그렇게 해서 첫날은 정신없이 지나갔다.

둘째 날이 밝았다. 제법 쌀쌀한 가을의 이른 아침이다. 새벽 티업을 위해 모두 일찍 일어나 준비한 후 아침 식사는 클럽에서 간단하게 먹고 2라운드를 시작하였다. 어제 후반부에 했던 힐 코스 9홀부터 티업 시간은 07 : 24 + 7분을 시작으로 두 팀이 '백구비천白球飛天'을 외쳤다. 어제의 악몽을 말끔히 씻는 듯. 그런데 웬걸 추위 탓인가? 어제 오후보다 드라이브가 더 엉망이다. 백구는 뜻대로 날지 않았고 목표를 맞추지도 못했다. 거리는 더 나지 않았다.

오늘은 다른 남자 캐디가 왔고 제법 클럽도 준비를 잘해 주고 잔소리를 하며 카터를 몰고 다닌다. 어제 캐디보다는 조금 나은 듯하다. 허둥지둥하다 보니 전반부 9홀이 끝났다. 힐 코스답게 습지 해저드도 많았다.

다시 후반부 레이크Lake 코스 9홀이 시작되었다. 아름다운 호수가 멋지게 물을 뿜고 우리를 맞아 주었다. 우리 뒤 팀의 백구 중에서 경기위원장 신 프로는 우리 팀의 티업 포즈 사진을 찍어 주어서 기념이 되기도 했다. 해가 중천에 뜨고 기온이 올라가서 그런지 제법 마음먹은 대로 백구비천 하기 시작했다.

후반부 중간에 파 4홀에서 우리 팀도 버디가 나왔다. 최 당수가 해냈다. 목골당 당수답다. 스크린에서 매주 한두 번 친 효과가 나타난 것일까? 역시 스크린에서도 필드에서도 강자가 진가를 발휘했다. 캐디에게 버디 값을 주면서 좋아했고 나머지 3명은 축하한다며 하이파이브를 해줬다.

다음으로 파 3홀이 나타났다. 모두 긴장 반, 기대 반으로 내려다보이는 그린 깃발을 보며 백구를 날렸다. 첫 공을 오비로 날린 나는 멀리건을 부탁하며 마지막 타순에서 다시 아이언샷 6번을 들고 이번에는 반드시 버디를 해봐야지 하면서 멋진 백구비천의 그림을 상상하며 힘껏 휘둘렀다. 아니나 다를까 백구는 크게 높이 날아서 그린의 깃발을 똑바로 향했고 깃발 옆의 컨시드 라인에 떨어졌다. 모두가 박수치며, 바로 저거야 하는 소리를 질러댔다.

드디어 나도 버디의 기회가 왔다고 생각하며 카터를 타고 그린으로 갔다. 홀까지는 1.6m 정도였다. 모두들 먼 거리에서 퍼트를 치며 홀아웃을 마치고 드디어 내 차례가 되었다. 퍼터를 쥐고 침착하게 밀어 넣었다. 순간 땡그랑! 소리와 함께 하이파이브를 외쳤다. 전반부에서 엉망이던 백구비천이 한꺼번에 씻은 듯 지워지고 기분이 홀가분하였다. 이 맛에 골프를 치는가 보다.

이렇게 해서 이틀간의 라운딩도 모두 끝이 났고, 신 경기위원장의 제안으로 10분 거리에 있는 해인사 입구를 찾았다. 입구 옆의 계곡과 구름다리, 울긋불긋한 단풍나무들 정말 장관이었다. 다들 환호하며 어린아이들처럼 여러 가지 포즈를 취하며 사진으로 추억을 남겼다. 세상에는 멋진 것들도 많지만 가을이 참 아름다운 계절이란 생각을 다시 해본다.

우리에게 계절마다 아름답고 멋진 감탄사를 연발하게 만드는 것은 누구의 힘이 작용한 것일까? 누가 만들었을까? 이렇게 우주

만물의 운행을 착오 없이 운행하는 자가 있다면 칠순이 된 지금까지도 그건 하나님께서 하시는 것이라 믿고 싶다.

해인사 정문에서 추억의 보따리를 챙기고 부산을 향하는 우리에게 색깔 마땅답게 울긋불긋한 차림으로 우리를 전송하는 그 모습은 지금도 잊을 수 없다. 해인사 정문에서 한참을 내려오면서 시골 마을을 지나쳤다. 저 멀리 담장 너머 홍시가 높이 달린 감나무를 바라보니 가야산의 백구가 홍시가 되어 저렇게 매달려 있는 것은 아닌지 착각하게 한다. 내년을 기약하며 시월의 멋진 마지막 금요일에 울긋불긋 멍든 내 마음을 달랠 길 없어 익어가는 가야산의 가을을 이렇게 되새겨 본다.

가을은 익어가고

저만치 담장 너머
높이 달린 홍시는
가야산의 백구가 아니던가?

빠알간 빛 향기로
달콤한 노래를 부르니

가을은 슬며시

홍시에 숨었고.

울긋불긋 멍든
내 마음은 달랠 길 없네

가을엔 모두가
예쁜 빛깔 마당으로
익어가는가 보다.

(부산문학, 2022.12)

☸ 새며느리밥풀

우리 집 자녀는 셋이다. 모두 30대 중반 전후로 딸과 쌍둥이 형제가 있다. 쌍둥이 중에서 형이 사귀는 여자가 있어서 내심 결혼을 기대하고 있었다. 물론 기도하며 압력을 가하기도 했지만. 2년 전 소형아파트 매입에 도움도 주었으니 누구라도 먼저 가야 한다고 아내는 닦달한다. 그런데 여름 어느 날 기대했던 아들이 여친에게 프러포즈를 했으니 가을로 접어든 9월 초 양가 어른들을 모시고 상견례를 했으면 한다는 통보를 받았다. 우리 부부는 '얼씨구 좋다!'며 아들만 좋으면 된다고 격려하면서도 한편으론 비상이 걸렸다. 부랴부랴 상견례 장소를 잡아서 양가 부모와 아이들이 만났다.

지난 봄인가 아들 여친을 소개받고 우리 가족과 함께 식사한 적이 있다. 그때도 연신 방긋방긋 웃으며 예쁜 모습으로 달덩이처럼 넉넉한 인상을 받았는데 그날도 그랬다. 더구나 이번에는 부산시 공무원 시험에 합격했다니 더 암팡지게 느껴졌다. 서로 마주 앉아서 이런저런 이야기 끝에 아내가 먼저 결혼을 서둘러 하자고 제안하였고 처녀와 처녀의 부모도 좋다며 받아들였다.

그리하여 신랑 신부 당사자들이 시간을 내어가며 일사천리로 식장과 뷔페 장소, 청첩장, 식순, 여행 등등을 준비하여 22년 12월 셋째 주 토요일에 결혼식을 올리기로 하였다. 우리 부부도 시가와 처가 형제들, 조카들을 결혼 날 하루 전에 초청하여 숙소를 마련하여 주고 식사 접대를 하며 결혼식을 올렸고 신혼여행도 잘 다녀왔다. '새 며느리'를 선물로 받았으니 기쁘고 감사했다. 물론 개혼으로 처음 하다 보니 두서없이 허둥거린 일도 있었다. 그리고 이것저것 서로 의논하면서도 여러 가지 스트레스를 주고받았다. 그래서 그런지 결혼식과 여행을 다녀오기까지 모든 걸 무사히 끝내고 나니 무언가 허전하면서도 홀가분한 기분이 들어서 어딘가 떠나고 싶은 마음이 한구석에 자리했다.

마침 우리 부부의 마음을 알았는지 막내 처제 부부가 두 번 다녀왔다는 국내 여행지를 소개하며 같이 가자고 한다. 잘 안내하겠다고. 전북 남원이었다. 겨울에는 눈꽃 축제와 볼거리가 많고 온통 눈으로 덮여서 설경이 그저 그만이라고 한다. 새로운 세상을 만나는 기분이 들 것 같아 그곳으로 훌쩍 떠나기로 했다.

연말 마지막 주의 2박 3일을 계획하고, 남원시 운봉읍 바래봉 기슭에 자리한 '오헤버데이'란 숙소를 향해 출발했다. 중간에 함안 휴게소도 한 번 들렀더니 3시간은 족히 걸렸다. 운전은 딸과 교대 하며 신나게 달렸다.

참 신기하게도 함양군의 지리산 고개를 넘어 남원에 진입하니 눈이 보이기 시작했다. 환호를 질렀다. "와! 와! 눈이다, 눈!" 부산 은 길거리에 쌓인 눈을 10년 가도 전혀 볼 수 없는데 여긴 눈 천지 였다. 동화의 나라에 온 듯하다. 자동차는 눈길을 미끄러지듯 굴 러갔다. 혹 체인이 필요하지 않을까 걱정된다.

옛날 미국 아이오와 주 에임즈 시에 살던 기억을 떠올렸다. 그 곳은 시월 초부터 눈이 내리기 시작하여 사람의 무릎 이상 눈이 내리고 길 양옆으로 어깨높이만큼 수북이 눈이 쌓여서 4월 초까 지 그대로 있다. 그때가 벌써 12년이 넘었으니 꽤 세월이 흘렀다. 그래서인지 눈을 보고 얼마나 반가웠는지 모른다.

첫날 오후 호텔에서 여장을 풀고 호텔 창문으로 밖을 보니 온 통 설경으로 첩첩 산들이 병풍처럼 둘러싸였고 멀리까지 희미하 게 눈 덮인 산들이 높이 보이고 호텔 뒷길에는 등산복 차림의 사 람들이 삼삼오오 다닌다. 우리의 가이드인 동서가 호텔 바로 뒷산의 눈꽃으로 피어난 바래봉 등산길로 인도했다. 구부러진 눈길을 미끄러지듯 하여 30분 이상 힘겹게 걸어 올라가니 4평 정도의 단층 전망대가 있었다. 남원 시내가 한눈에 들어왔다. 저 멀리 보이는 남원은 분지처럼 내려앉았고 시가지는 온통 눈으로 덮여져 있어 높은 건물과 큰 나무들만 간간이 보였다. 더 멀리 바라보니 건너편에는 희미하게 둘러싸인 산들이 층을 이루며 마치 남원 시내를 포옹하는 하얀 산신령이 서 있는 것 같았다.

그뿐이 아니다. 태양은 마지막 숨을 내뿜듯 빨간 노을을 뱉어내고, 아름다운 설경을 작별하기 아쉬운 듯 무언가 손짓하고 있었다. "원더풀!" 소리가 절로 나왔다. 그 황혼의 풍경에 나도 묻히고 싶었다.

전망대 주변을 둘러보니 등산길 옆의 철쭉나무에 며칠 전에 내린 눈이 꽃잎처럼 하얗게 달라붙어 있다. 눈꽃이다. 봄에 피는 철쭉꽃 자리에 하얀 눈이 피어있는 듯하다. 붉은 꽃 대신에 흰 눈꽃이 핀 것이다. 그렇구나. 정말 설경을 넘어 절경이란 말이 터져 나왔다. 그래서 이 바래봉길은 봄에 철쭉꽃 축제, 겨울에는 눈꽃 축제가 유명하다고 한다.

둘째 날은 '백두대간 생태교육장', '구례 화엄사', 가야금과 거문고의 전시관 '국악의 성지'를 들르고, 남원에서 유명하다는 '흑돼지구이' 맛집에서 식사하며 하루를 즐겁게 보냈다.

셋째 날은 일찍부터 숙소와 바로 인접한 '지리산 허브 밸리(12곳의 볼거리가 있는 계곡)'에 입장하여 눈썰매를 탔다. 정말 몇십 년 만에 타보는 기분에 모두 환호를 연발하며 신나게 눈 언덕을 몇 번이고 오르내렸다. 사진도 여러 컷 하고. 그다음 코스로 밸리 내의 꽃과 정원이 우아한 '오헤브 정원'을 둘러서 '지리산 자생식물 압화관'에 들어갔다. 지리산 자생식물 1,450 여종 중 중요한 400 여종의 식물 압화를 전시해 놓았다고 한다. 식물은 잘 모르지만 여러 종류의 식물 가지를 펼쳐서 압화로 만들어 벽면에 붙어 놓았다. 신기한 것은 사진을 찍으면서.

전시관을 반쯤 돌면서 구경하는 중에 원형으로 크게 확대하여 압화된 식물 사진 한 장이 눈에 띄었다. 마치 보름달처럼 둥글게. 자세히 보며 이름이 무엇인지 확인하니 '새며느리밥풀'이라 적혀 있었다. "아니, 이게 뭐야? 어떻게 우리 집에 새 며느리가 온 줄 알았지?" 내심 놀라서 얼른 슬쩍 사진을 찍었다. 그리고 '허브 밸리'를 끝내고 다른 장소로 이동하여 '서도역(일제시대의 기차역)', 그 유명한 '춘향원(광안루 등)' 등을 탐방하고 남원의 추어탕 집과 100년 된 중국집에서 식사도 하며 하루를 재미나게 보내고 다시 숙소로 돌아왔다.

볼거리가 많아서 내친김에 하루를 더 연장하여 넷째 날이자 올해의 마지막 날, 남원 시내의 북카페로 분위기 있는 '아담원'에서 맛있는 차로 쉼을 얻은 후, '김병종 시립 미술관(바보 예수)'을 관람하며 내 영혼을 만지고 간 책들(김병종, 2022)이란 제목을 보고 호기심이 생겨 한 권 구입했다.

그러고 나서 자연하천으로 회귀하는 연어처럼 돌아오는 길에 선조가 물려준 산청군 생비량면의 산소 두 곳을 둘러보고 부산 집으로 돌아왔다. 잠깐의 별세상에서 색다른 몸짓으로 심신을 풀었고, 12월의 마지막 저녁을 보내며 기쁨과 새 소망으로 새해를 맞이하게 된 것이다.

새해가 밝아왔다. '검은 토끼띠'의 해라며 여기저기서 카톡 연하장이 쇄도한다. 나도 '새며느리밥풀'의 표본 사진에 새해 인사 글을 넣어서 김종화金鍾和 시인에게 보냈다. 그는 나와 동명이인으로 이름의 끝 한자가 서로 다른 분이다. 즉각 반응이 왔다. 며느리밥풀의 꽃은 흔하지만 '새며느리밥풀'은 귀하여 우리나라 지리산에서만 자란다고 한다.

그는 「초애원」이라는 화원을 만들어 취미 삼아 식물을 기른 지 오래되었고, 「크리스천 경남」 신문에 식물 칼럼을 10년 이상 연재 하였으니 식물 전문가임이 틀림없다. 이번에는 '새며느리밥풀'에 관한 꽃과 꽃말 등을 「크리스천 경남(457회째, 23.1.4)」신문 12면 중 8면 전면으로 게재했다. 우리 가문의 백부(김일면)에 관한 이야기와 나를 간단하게 소개하고, 작년 말에 새 며느리를 맞이한 것과 '새 며느리밥풀을 축복함'이란 시도 한 수 넣어서 축복해 주었다. 며칠 후 그 신문이 발간되어 2부 건네받았다. 참으로 고마운 인연이다.

그리고 3주 후 설 명절이 되었다. 아들 부부는 세밑에 결혼해서 신혼 생활을 시작한 지 겨우 한 달이 넘었다. 설날을 맞이하여 세 배하러 온 것이다. 지난해를 돌아보니, 아들이 결혼하여 새 며느 리도 보았고, 나도 조선인 위안부(김일면 저, 김종화 편역, 2022.12)란 번 역 책을 출판하였다. 그뿐 아니라, 「부산문학(2022.12)」과 「오륙도 문학(2022.12)」에 수필이 각각 게재되었다. 여러 가지로 경사스러운 일들이 많은 한 해였다.

그래서 세배 온 며느리에게 번역 책 1권과 기고된 신문을 세뱃 돈과 함께 기념선물로 건네주었다. 잘 보관하라는 말을 곁들이며. 받아 보고 매우 기뻐하였다. 나중에 알았지만, 아내는 카톡 배경 사진으로 '새며느리밥풀을 축복함'이란 시를 탑재해 놓았다.

아무튼, 요즘처럼 결혼하기 힘든 시대에 새 며느리를 선물로 얻었고, 여행 중 우연히 '새며느리밥풀'을 발견하여 연하장으로 사용했더니 주간지 신문에 한 면 가득 실렸고, 그것을 새 며느리에게 세배 선물로 전달한 것이다. 참으로 귀한 만남의 인연이 연속되었으니 어디 이런 일이 흔한 것인가? 정말 감사하고 고마울 뿐이다.

여기에 아들 장가보낼 때 남긴 나의 '너를 장가보내며'와 신문에 기고된 김종화 시인의 '새며느리밥풀을 축복함'이란 글을 소개하며 그 인연, 그 기쁨의 추억을 남기고자 한다.

너를 장가보내며

세상에 와서 내가 너를 처음 만난 날
멍하여 너에게 하고 싶은 말을 잊었더라
똑같은 둘이라서 너무 기뻤기 때문이다

세상에 와서 내가 너를 기쁘고 감사하게 장가보내는 날
이제 너에게 하고 싶은 말이 생각났네
다른 둘이 하나가 되는 복된 날이기 때문이다

너를 장가보내며

세상에 사는 날 동안
내가 너에게 진정으로 하고 싶은 말 가운데

가장 생각나는 말은
변함없는 필리아 사랑으로 하늘을 우러러보며
주위를 돌아보고 행복하게 살았으면 좋겠다.

새며느리밥풀을 축복함

새아기도 어여쁜데 밥풀까지 꽁꽁 숨겨
섭리 속에 마주한 복 네가 진정 복덩일세
한평생 믿음 잘 지켜 복된 가정 이루라

높은 뫼 척박한 곳 무리 이뤄 땅 붓 박고
붉은 꽃 가득 피워 꽃동산을 만드나니
네 어찌 곱지 않으랴 붉은 마음 한가득

윤슬은 윤슬대로 햇빛 달빛 별빛 받고
은실은 은실대로 은혜의 열매 맺어
슬하의 대대손손이 믿음의 산 이루라.

(부산문학, 2023.03)

☸ 풀솜할아버지

「시와 수필이 있는 용당」이란 이름으로 4명이 작년 겨울에 접어들면서 매주 목요일 오후 내 연구실에 모였으니 벌써 해를 넘기고 완연한 봄이 되었다. 벚꽃이 한창인 지난 목요일, 이번에는 '풀솜할머니'란 제목으로 수필이든 시든 글을 짓는 시간을 가졌다. 나는 잘 들어보지도 못한 옹글게 쓰인 우리말에 호기심이 생겼다. '풀솜'이란 국어사전의 의미로는 '실을 켤 수 없는 허드레 고치를 삶아서 늘여 만든 솜'을 말한다. 이 고유의 우리말은 외할머니의 친근함, 따뜻함에 비유하여 '풀솜할머니'라 불린다고 한다.

우리 중에 어떤 분은 소위 외할머니라는 '풀솜할머니'를 얼굴조차 본 적이 없다고 하며 난감해 했다. 나 역시 같은 처지였지만, 나에겐 조금 달랐다. 외할머니는 돌아가셨지만, 어머니가 우리 집으로 시집올 무렵부터 외할아버지를 보살펴 주신 어머니가 계셨다. 나에게는 두 번째의 외할머니가 되는 셈이다. 그분은 결혼도 해보지 않은 채 혼자 사시던 분이었다고 들었다.

그런데 나에겐 두 번째의 외할머니보다 외할아버지가 정말 살 갑게 어린 나를 놀리면서 잘 대해 주신 기억이 있다. 그래서 '풀솜 할아버지'란 제목을 달아보았다. 여기에 '풀솜할아버지'란 말을 썼지만, 이런 낱말은 잘 사용하지 않고, 국어사전에도 없다고 한다. 그래도 지금부터 65년 전쯤의 옛날 '풀솜할아버지' 기억을 상기해 보고 싶다.

나의 '풀솜할아버지(조수완)'는 목사였다. 일제 강점기 평양장로회신학교를 다녔는데 신사참배 거부로 학교가 폐교되어 그만두었다가 해방 후 설립된 부산의 고려신학교 1회로 졸업(1947)하셨다 (naver.com/kosinnews.com 참고). 그 후 고향의 진주지역 교회에서 목사로 은퇴하시고 당시에 목사가 없는 시골교회를 돌보며 설교를 하셨다고 한다.

초등학교 가기 전 외갓집에 간 기억이다. 그 외갓집은 진주 시내로 어머니의 큰오빠 집이었다. 큰 외삼촌 댁은 집이 넓고 사업장도 큰 곳이라 시골에 사는 나는 엄마와 함께 신이 나서 종종 그 집을 찾은 것이다. 그때도 외삼촌 두 분, 이모 세 분이 한꺼번에 모였으니 무슨 기념할 날이었는지도 모른다.

우리 엄마(조활순)는 둘째 딸이었고 똑똑하여 '풀솜할아버지'가 매우 좋아하셨다고 한다. 거기에 '풀솜할아버지'와 그 '풀솜할머니'가 오셨다. 그 '풀솜할머니'는 손자들이 여럿 있어서 그런지 '풀솜'이란 낱말처럼 따뜻하고 살가우며 도타운 품이 되어 주지 않았고, 어머니나 이모들과 자주 이런저런 가정 이야기를 하셨다. '풀솜할아버지'의 돌봄에 관한 건지도 모른다.

하루는 남자들이 없었던 식사시간이었는지 '풀솜할아버지'와 같이 한 식탁에 단 두 사람만 마주 앉아서 식사하도록 준비되어 있었다. 그 당시는 남녀가 같이 식사 자리를 안 한 것 같았다. 나는 좋아서 내 밥상 앞에 풀썩 앉았다. 그런데 나를 보고 미소를 지으시며 내 밥그릇 뚜껑을 한 손으로 열면서 다른 한 손에는 엉덩이 뒤로 해서 방귀를 담아서 내 밥에 넣는 시늉을 하셨다. 내가 소리 지르며 그 밥을 안 먹겠다고 엄마 곁으로 가버렸다.

그랬더니 '풀솜할아버지'가 나에게 와서 "방귀가 아니야"하며 데리고 가셨다. 그래도 나는 어린 마음에 울상을 하며 앉았으니 나를 달래며 동전 한 닢을 건네주었다. 그래서 마지못해 함께 식사했다. 이를 본 엄마와 이모들이 큰 소리로 웃었다. 어린 나를 놀린 것이다.

또 초등학교 2학년쯤 되었을 때 진주 외갓집에 가서 생긴 사건이다. 미아가 된 것이다. 큰 외삼촌 댁에서 배(남강 다리) 건너에 계신 작은 외삼촌 댁으로 엄마와 함께 놀러 갔다. 초등학교 선생님인데도 피아노 레슨을 하여 시끄러웠다. 그때 큰 외삼촌 댁의 공장 직공이 오토바이로 심부름을 왔다. 그리고 다시 오토바이를 타고 돌아가는데, 나는 오토바이가 신기해서 길을 따라 한참 뒤따라갔다. 그런데 오토바이가 빨라서 그냥 쏜살같이 가버렸다. 나만 길에 남았고 뒤돌아보니 작은 외삼촌 댁을 찾을 수 없었다. 처음 간 동네고 보니 더욱 그랬다. 그래서 그냥 울 수밖에 없었다. 얼마를 울었을까 앞이 잘 보이질 않았다.

그런데 나를 본 중학생인지 고등학생인지 남학생 두 명이 왜 우느냐고 물었다. 외갓집에 와서 길을 잃었다고 떠듬거렸다. "울지 마, 방송국에 가면 찾을 수 있을 거야" 하면서 나를 방송국으로 데려갔다. 얼떨떨하게 방송국에 올라가니, 어떤 나이 드신 아저씨가 눈물을 닦아주며 나이와 이름, 어디서 왔는지 등 이것저것을 물으면서 나를 달래며 내 손에 동전 두 닢을 꽉 쥐여주었다. 풀빵을 사 먹으라고.

그 사이, 방송이 나갔는지 큰 외삼촌이 오셨다. 너무 반가워서 또 울었다. 큰 외삼촌과 작은 외삼촌 댁 가는 길목에 여러 사람을 보내어 찾고 있는데, 남강 다리를 지날 때 방송국 스피커를 통해 나를 방송국에서 보호하고 있다는 긴급 방송을 들은 것이다. 그때 동전인지는 몰라도 십 환짜리 두 개(단기 4294)를 아직도 보물처럼 보관하고 있다.

그로부터 3년쯤 지난 초등학교 5학년 때는 남강에서 두 살 아래 외사촌 동생과 멱을 감다가 강물이 불어서 물살이 세어 옷 벗어 놓은 곳으로 못가고 물을 따라 하류로 내려가다가 맞은 편 강가로 올라갔다. 그런데 큰 문제가 생겼다. 옷을 입고 남강 다리를 건너가야 큰 외삼촌 댁으로 가는데 너무 난감했다.

당시에는 여름이라서 상의와 하의 두 개뿐이고 모두 벗고 멱을 감았다. 할 수 없이 남강 다리의 인도를 따라 양손으로 중앙부위를 움켜쥐고 둘이서 잽싸게 뛰었다. 말하자면, '스트리킹'을 한 것이다. 사람들이 쳐다보아도 부끄러움을 무릅쓰고. 무사히 큰 외삼촌 댁에 와서 수돗가에서 모래가 묻은 몸을 씻었다. 그런데 나는 단벌 신사였다. 엉거주춤 있으니 어느새 큰 외숙모님이 새 옷을 사 오셨다. 그때는 너무 고마웠다. '풀솜할아버지'는 그 모습을 보시고 빙그레 웃고 계셨다. 지금은 그 동생이 부산에 사니 만날 때마다 웃으면서 그 이야기를 한다.

　내가 마산으로 고등학교를 진학한 고1(1969) 때도, '풀솜할아버지'가 우리 집을 방문하셨다. 그때도 여름이다. 나를 보며 늘 빙그레 웃으면서 무엇인가 놀리고 싶은 것이 떠오른 모양이다. 장기를 두자고 하셨다. 나는 장기의 말들이 가는 길은 알았지만, 초보에 불과해서 재미없이 끝났다. 그래도 늘 살갑게 하려고 노력하는 그 모습을 엿볼 수 있었다. 그 후 돌아가시고 엄마가 간직하셨던 '풀솜할아버지' 사진을 지금은 내가 갖고 있다.

　나에게 '풀솜할아버지'는 요즘 말하는 '풀솜할머니'가 허드레 누에고치의 솜으로 만든 따뜻한 품이라면, 그에 못지않게 솜사탕과 같은 달콤한 마음, 노을빛 같은 따뜻한 마음을 담아 보이려고 애쓴 분이라 생각된다. 돌아가신 '풀솜할머니'의 빈자리를 그렇게 메우려고 했는지도 모른다. 어쩌면 꽃보다 할매 할배(김인자, 2017)의 모습처럼 다정함을 자녀들에게 보여주지 못했으니 손자에게라도 장난기를 담아서 친근감을 보인 것이 아니겠는가?

　그러고 보니 우리 외갓집은 큰 외삼촌, 작은 외삼촌 두 분 다 상처를 하고 새 부인을 얻었으니 자연히 가세가 기울기 마련이고, 그 영향은 고스란히 자녀들에게 돌아갔다. 다행히 '풀솜할아버지'

의 손자들은 아직도 첫 아내와 잘살고 있다. 성경 말씀(잠17:6)에 '손자들은 노인의 면류관이요, 부모는 자식들의 자랑'이라고 하였다. '풀솜할아버지'의 기도가 이뤄진 것일까? 지금 그 사랑과 기도의 열매를 먹고 있으니, "풀솜할아버지, 감사합니다."

(부산문학, 2023.05)

☸ 미국 연구년의 준비와 정착

대학에 몸담은 지 사반세기를 넘기면서 학교생활에 권태를 느꼈고, 대학에 다니는 자녀들의 장래에 도움이 되는 길을 연구년으로 열고 싶었다.

나 자신은 대학에 와서 학생들의 원양실습으로 가까운 일본, 중국, 타이완, 러시아, 필리핀, 싱가포르 등등을 자주 다녔다. 하지만 장기간 체류하며 생활해본 경험은 구십년대 초 영국 대학에서의 논문연구가 전부다.

그래서 단과대학의 단기 해외연수 프로젝트로 도쿄해양대학에서 2009년 초 겨울방학 때 4주 동안 방문 교수를 했고, 아내와 쌍둥이들이 함께 갔었다. 그때 딸은 임용고시 시험준비로 함께 하지 못했다.

초청 교수는, 국립수산과학원의 박 연구관이 소개해 주었고 미국에서 학위를 한 야마자키 교수로 나와 비슷한 물리적 해양환경 분야에서 연구 활동을 활발히 하고 있었다.

그 대학에는 주중에 정상 출근하여 교수의 논문을 복사하고 대학원생이 있는 연구실에서 논문을 읽는 것으로 시간을 보냈다. 주말에는 도쿄의 시내로 상가, 백화점 및 우에노 공원 그리고 디즈니랜드 등을 구경하며 보냈다. 초청 교수의 환영과 이별의 시간도 가지며 짧은 기간 동안 유익한 학문적 유대의 경험을 얻은 것이다.

한국에 돌아온 그해 봄, 대학 본부의 해외 연구년(1년)을 신청하였다. 대학에서 연구년이 확정되면, 해외 초청 교수가 있어야 비자 등을 받아 출국할 수 있다. 미국 대학으로 가야 여러 가지 도움이 될 것 같아서 유사한 연구를 하는 미국의 교수들 10명에게 여름부터 가을 초까지 이메일을 넣었지만, 생면부지라서 그런지 회신도 늦고 좋은 대답이 오지 않았다.

연구년이 확정되고 9월이 되어, 초청하는 교수가 정해지지 않아서 연초에 방문했던 도쿄해양대학의 야마자키 교수에게 도움을 요청하였다. 자기 연구실에 오라고 했지만, 미국 대학으로 가는 연구 계획서를 제출하였으니 다음 기회에 가겠다고 둘러댔다.

그랬더니 미국의 3개 대학을 제시하며 선택하라는 것이다. 미국 서부의 스탠퍼드대학, 중부의 아이오와 주립대학 그리고 동부의 한 대학으로 기억한다. 이들 대학 중에서 가장 시골 대학을 선택하여 아이오와 주립대학으로 가겠다고 했다. 가족이 함께 가서 생활하려면 금전적 고민을 하지 않을 수 없기 때문이다.

시월 초, 야마자키 교수의 확인 메일과 아이오와 주립대학의 크리스 레만 교수로부터 J-1 비자 서류가 메일로 왔다. 즉시 두 분께 감사 메일을 보냈다. 비자 서류를 갖춰서 서울의 미국 대사관에서 J-1 비자, 아내는 J-2 비자 인터뷰를 거쳐 2010년 1월에 체류 기간은 1년(2010.1.27.~2011.1.27.)으로 비자를 받았다. 바쁜 학교일정 가운데 다수의 연구프로젝트를 수행하면서 거의 열 달을 준비한 셈이다.

출국 일자를 정하고 탁송화물 8개와 기내 반입 가방 두 개씩을 챙겼다. 부모님께 인사드리니 이천만 원을 흔쾌히 주셔서 총 팔천만 원을 마련하였다. 드디어 서울에서 2월 2일 비행기로, 아내와 쌍둥이가 함께 도쿄 나리타공항을 경유하여 미네아폴리스를 거쳐 아이오와의 주도 디모인 공항에 당일 오후에 도착하였다. 한국에서 미국으로 가니 비행시간은 길어도 시간적 손실은 적었다. 이미 에임스 반석장로교회에 연락해 두었으니, 김 목사님과 교우 청년이 공항으로 왔고 픽업하여 대학이 있는 에임스로 갈 수 있었다.

공항에 도착하여 에임스까지 가는 도로변은 사람 어깨만큼이나 높은 눈이 쌓여 있어서 매우 놀라고 인상적이었다. 조그마한 시골의 대학도시로 정말 추운 지방이란 걸 알아차렸다.

도착한 다음 날, 대학에 들려 크리스 레만 교수를 만나 도착 인사를 드렸다. 그리고 집 구할 때까지 이틀간 모텔(Grand stay)에 있다가 삼 일째에 월 810불의 집을 6월간 렌트하여 입주하였다.

얻은 집은 이스트 20번가의 도로변에 있는 주택 단지로 타운 하우스였다. 일종의 아파트 주택으로 3가구가 한 동으로 된 구조인데, 그중에 하나(124호)를 빌렸다. 이 집은 2층 구조로 되어 1층은 거실과 부엌이 있고 2층은 3개의 침실로 되어있었다. 자고 나니 아침에 토끼와 다람쥐가 집 밖에서 껑충거리며 반기고 있었다. 참으로 자연 친화적이라서 놀라웠다.

미국 생활에 적응하려면 할 것도 많았다. 교회의 사모님이 모아 두었던 그릇, 탁자 등을 얻고 오래된 국산 자동차를 소개해 주어 구입(천칠백 불)하였다. 그리고 대학 소속의 등록증(ISU Card), 해외안전보험가입 신고를 하고, 쌍둥이의 J-2 비자는 대학 어학원에서 학생 비자(F1)로 서류를 만들어 다시 한국으로 가는 해프닝이 있었다. 한국 대사관에서 비자를 얻어 딸과 함께 2월 말에 에임스로 다시 왔다. 그사이 나는 신청한 소셜 시큐리티 카드를 발급받아 취업 가능한 체류 허가를 받은 것이다(2월 16일). 이것은 주민등록증과 같은 신분증 카드로 자동차 등록, 운전 면허증, 집 전화 개통 등을 할 수 있다.

그래서 아이들은 대학의 어학연수원에 바로 등록하여 3월부터 2분기 수강을 하게 되었다. 그런데 어학연수 등록금이 대학 등록금과 거의 같아서 3명이니 꽤 되었다. 행정담당자를 만나 한 가족 3명의 할인 여부를 알아보아 10% 정도 할인 혜택을 받았다. 그것도 말이 안 통하니 유창한 영어 실력을 갖춘 교포 이 집사와 함께 상담한 것이다.

우리 부부도 이민자들의 언어습득을 위한 디맥(DMACC, Community College)의 아이오와 분소에서 저렴한 가격으로 매주 2회 영어회화 공부를 시작하였다. 젊었을 때, 영국에서도 살았고 영어는 좀 한다고 생각했는데, 나이 들면서 사용하지 않아서 그런지 미국식 영어답게 빠르고 부드럽게 흐르는 말을 알아듣기가 힘들었다.

마지막으로 급한 것은, 자유롭게 다닐 수 있도록 휴대폰을 개

설하고 한국의 국제운전면허 대신 미국 면허를 따는 것이다. 근데 한국에서의 운전 경력은 소용없었다. 시내 주행에서 네 번 떨어지고 다섯 번 만에 합격하였으니 그게 3월 13일이었다. 반면에 딸과 아들은 한두 번 만에 바로 붙었다. 나이 많다고 차별하는가 보다.

나를 초청한 교수는 40대로 젊은 교수였고 스탠퍼드 대학 출신이다. 전공은 호수 등 하천의 오염물질 계측과 모델링이어서 나와 비슷하였다. 조그마한 방을 마련해 주어 출퇴근하고 학생들의 발표회가 있으면 참석했다. 그러다가 봄이 되면서 교회의 모임에 자주 가고 학교는 일주일에 한두 번 가게 되었다.

따뜻해지기 시작한 4월 초순 이후에는 에임스를 덮은 눈은 녹기 시작하고, 스톰으로 하루 종일 비가 내리며 천둥, 번개가 쳐서 놀라며 밤잠을 설치기도 했다.

아이들이 온 지 두 달쯤 되어 심각한 토론이 벌어졌다. 어학원의 목적 없는 영어공부는 도움이 안 되고 등록금도 비싸다는 것이다. 그래서 쌍둥이는 한국 가서 군에 입대하겠다고 한다. 어학 공부가 도움이 되겠다는 나의 일방적 생각에 먹구름이 생겼다. 그래도 이곳에서 6개월은 해야 소통이 되지 않겠냐고 설득하며 연말까지 노력하도록 타일렀다.

아이오와 주립대학의 어학 수업은 알차고 좋지만, 대학생 수업료만큼이나 비싸므로 2분기를 마치고 자동차로 한 시간쯤 떨어진 디모인에 있는 주립의 디맥대학으로 옮겼다. 배우 김태희가 이곳에서 어학연수를 했다는 소문도 있다. 암튼 이 대학에서 한 사람의 수강료로 세 명이 해결되었으니 만족스러웠다. 접수와 상담을 맡은 직원은 중국계 미국인으로 더욱 친절하게 응대해주어서 고마웠다.

미국으로 연구년 오는 것은 쉬운 일이 아니었다. 그것도 미국 대학의 교수를 한 사람도 모르는 상태에서 이뤄진 것이기 때문이다. 그나마, 멀고도 가까운 이웃 나라 일본 교수를 알았으니 가능한 것이다.

이 모든 것을 준비한다고 바빴지만, 미국의 대학에 와서 한인교회의 교포들이 도와주었으니 정착하기가 쉬웠다고 할 수 있다. 순조롭게 정착하게 된 것에 대해 너무 감사할 뿐이다.

⚓ 미국 여행의 이모저모

새로운 여건의 미국 땅에서 생활에 적응하려다 보니 쌓였던 스트레스도 풀 겸 가까운 곳이라도 여행하고 싶었다. 그 응어리를 눈처럼 녹여버릴 수 있을 것 같아서.

가족 모두의 첫 나들이 여행은 바로 옆의 일리노이주 북동쪽 끝단에 있는 시카고였다. 운전하여 여섯 시간 이상 걸린 것 같다. 그때가 3월 중순이다.

시카고에 도착하여 도심 중앙에서 내비게이션을 켜고 다녔는데도 가고 싶은 관광지를 찾기가 힘들었다. 높은 빌딩이 많아 전파가 교란되었기 때문이다. 그래서 오픈 탑 이층 투어버스를 타고 시내 전역을 3박 4일 코스로 구경하였다. 흑인 가이드의 알아들을 수 없는 유창한 영어에 놀랐다. 확실히 들리는 말은 "Our Chicago~"였다. 시카고 강변과 밀레니엄 파크, 윌리스 타워 스카이데크의 103층에 올라 시카고 전역을 둘러보았다. 그야말로 빌딩의 숲이었다.

처음으로 간 시카고의 봄나들이를 경험 삼아, 이제는 먼 미국 서부로 돛을 올렸다. 자동차를 몰고 가기는 어려울 것 같아서 로스앤젤레스행 비행기 예약(5박 7일)으로 5인 가족 여행이 시작된 것이다(5.14~20). 도착한 첫날은 숙소를 확인하며 시내를 돌아보고, 둘째 날은 먼 산 위의 커다란 할리우드 글자를 바라보며 유니버셜 스튜디오의 거리를 오가며 바닥에 새긴 유명 배우의 얼굴, 손바닥 자국 등을 보고, 엘비스 프레슬리와 마릴린 먼로 복장을 한 사람들과 똑같은 포즈를 하고 웃으며 사진도 찍었다.

셋째 날은 오렌지 카운티의 크리스털 교회에서 예배를 드렸다. 강단 옆의 유리 벽이 대문처럼 열리어 하늘을 보는 듯했다. 넷째 날부터 3일간은 브라이스 캐년, 시온 캐년의 기암절벽, 라스베이거스에서 카지노와 태양의 서커스 '카쇼' 등을 관람하였다. 마지막 날 로스앤젤레스로 귀환하여 기념품 구입(접시, 가방 등)을 끝으로 미국 서부 여행을 가볍게 마무리하니 경비는 약 6천 4백 불(7백2십만 원) 정도 들었다.

미국 대학은 5월 말이면 긴 방학에 들어간다. 우리 아이들도 2분기 어학연수를 마치고 방학에 들어갔다. 딸은 어학연수 3개월이 지나면서 귀가 뚫리기 시작하여 외국 친구도 집으로 데려오고 학기를 마치면 실력도 알 겸해서 토플 시험을 치겠다고 한다.

마침 바로 북쪽에 이웃한 미네소타대학에서 시험(8월 14일)이 있어 가족 모두 여행 삼아 자동차로 처음 가보았다. 이곳은 에임스의 이웃으로 가깝고 여름이라서 시원하였다. 하루 전에 출발하여 숙박(Days Hotel)을 정하고, 다음 날 딸은 시험 장소로 가고 우리는 시내와 숙소 근처의 조각공원 등을 기웃거렸다.

긴 여름방학이 끝날 무렵, 미국의 동부행 여행으로 방향을 돌렸다. 패키지 여행단으로 뉴욕에 도착(8월 18일)하여 타임스퀘어에서 야경을 신나게 즐겼다. 이튿날은 워싱턴으로 가서, 에이브라함 링컨 기념관, 한국전 참전 용사 기념관, 나사, 백악관과 미국 의회의사당 주변을 서성거렸다. 저녁에는 외사촌 형(조창래)을 36년 만에 만나서 너무 반가웠고, 식사비와 음료수를 받아 동행한 사람들에게도 나누어주며 워싱턴 일정을 마무리하였다.

셋째 날은, 일찍 일어나서 6시간을 달려서 펜실베이니아주를 지나 뉴욕주의 북서 끝단에 있는 나이아가라폴스에 도착하였다. 나이아가라폴스는 나이아가라강을 접경으로 마주하는 캐나다 온타리오주 쪽에서 폭포수가 쏟아졌다. 먼저 미국 측의 작은 '바람의 동굴'에서 비닐 옷을 입고 폭포를 맞는 연습을 하고 나이아가라 전망대에서 시원한 폭포를 눈으로 보니 그야말로 장관이었다.

잠시 버스를 타고 캐나다로 가는 입국절차를 거쳐서 '무지개 다리'를 건너 캐나다에 진입하였다. 다음 날, 흔들리는 보트를 타고 나이아가라폴스의 낭떠러지 가까이 까지 접근하여 물벼락을 맞으며 비명을 질렀다. 놀라움과 기쁨을 만끽하며 하얗고 시원한 물줄기를 뒤로한 채, 하루 종일 차를 타고 뉴욕 맨해튼에 도착하여 숙소에서 휴식을 취하였다.

다섯째 날은 일요일이었다(8월 22일). 배를 타고 자유의 여신상과 시내를 바라보며, 이어서 뉴욕 록펠러 센터, 엠파이어스테이트 빌딩을 구경하였다. 유엔총회의 사무국에서는 역대 사무총장 기념관에서 당시의 반기문 사무총장 사진 앞에서 자랑삼아 사진을 찍기도 했다. 그 외 뉴욕의 흑인 할렘가, 코리아타운, 차이나타운, 월가 등을 둘러보았다.

우리 가족은 동부의 유명한 사립 대학을 그냥 지나칠 수 없었다. 비가 억수같이 오는 그날, 우리는 34번가에서 렌트카를 타고 앞차가 잘 보이지 않음에도 보스턴까지의 해안을 빗속으로 달렸다. 앞차를 잘 보려고 차 속의 안개를 닦아가면서. 우선 가까운 예일대학을 방문하였으나 저녁에 도착하여 건물 안으로 들어가지도 못하고 뉴런던의 모텔에서 여장을 풀었다.

여섯째 날, 계속되던 비바람이 거치면서 약 5시간 걸려서 보스턴에 도착하였다. 세계 최고의 대학, 하버드대학교의 식당에서 간단한 점심을 하고 대학 안팎을 둘러보았다. 법대 건물에서는 대학원 학생명단이 실내의 벽에 붙어있었다. 가까이 보니 몇몇 한국 학생의 이름도 보였다. 반갑고 부럽기도 했다.

오후에는 그 유명한 MIT대학을 기웃거렸다. 마침 학생들 오리엔테이션으로 분주하게 움직였다. 뭔가 활기차 보였다. 우리도 덩달아서 활기차게 다녔다. 마지막으로 보스턴대학교 정문에 들어서니 우측 건물이 불탄 흔적이 남아 흉하게 보였다. 그 옛날 학생 데모로 인한 흔적을 그대로 두어 교훈 삼는다고 한다. 그래도 좀 보기 싫었다.

저녁이 되어 렌트카는 보스턴 공항에 맡기고 시카고행 비행기를 찾았다. 비행기가 연착이다. 날씨 때문이라 한다. 예정에 없던 밤을 공항에서 보내고 새벽에 디모인 공항으로 가는 비행기를 타고 아침에 에임스 집으로 돌아왔다. 6박 7일의 동부여행을 마무리하니, 서부 여행경비와 비슷하여 약 육천 불이 들었다.

미국 동부지역의 여행은 아주 즐겁고 유익하였으며, 무엇보다도 대학생 때 만났던 외사촌 형을 미국 워싱턴에서 뵙게 되어 뜻있는 여행이 되었다. 언제 다시 만나게 될지는 알 수 없다. 그 형은 서부 경남에서 좋은 고등학교를 진학하였으나, 청소년기에 가정이 어려워서 해군 하사관으로 지원 입대하고 훈련으로 고생을 많이 하여 중간에 불명예제대를 하였다. 다행히 미국 교포 여자를 만나서 워싱턴 남단의 어느 지역에서 우편배달 공무원으로 일하며 한인교회에서 장로로 섬기고 있다고 한다.

미국 중북부에 사는 우리는 이제 추수감사절 연휴 기간에 맞춰, 남부 지역으로 자동차 여행을 즐기기로 했다. 그런데 문제가 생겼다. 쌍둥이가 모두 가지 않겠다고 한다. 가고 안 가고는 우리의 선택이라며. 서운하였지만, 20대 초반의 젊은이가 고민하는 군 복무 등으로 마음이 편치않는 것 같았다. 할 수 없이 딸과 함께 3명이 떠났다.

우선 캔자스의 째즈 박물관을 보고 숙소에서 쉬었다가, 다음 날 어느 주유소인지 정확하지 않지만, 셀프 주유소에서 가솔린을 넣어야 하는데 디젤 주유기를 차에 꽂아 넣는 큰 실수를 하고 말았다. 그래서 주유소 매점에 의뢰하여, 반나절이나 기다렸다가 기름 청소차로 우리 차의 기름통과 엔진연결관을 청소하는데 이백 불이 들었다. 모르고 운전하였으면 폐차시킬 뻔했다. 지금도 그때 일을 말하며 웃는다.

다시 하룻밤을 묵고 I-35 고속도로를 타고 지도 검색과 인터넷으로 구경할 곳을 확인하며 남쪽으로 달렸다. 톨게이트 비용도 제법 되었다. 저녁이 되어 팔레스테인 시의 싼 '슈퍼 8' 모텔에서 여장을 풀었다. 다음 날 광활한 넓은 대지를 달리니, 석유 시추장치가 군데군데 보였고 농장에 접근하면 경고메시지가 붙어있어 긴장하며 텍사스에 진입하였다. 텍사스의 어느 도시에서 화장실을 가니 남자 화장실 이름이 'Cow Boy', 여자 화장실은 'Cow Girl'로 붙어있어 매우 인상적이었다.

휴스턴에 진입하여 허만 동물원과 존슨 우주센터를 구경하고, 최남단의 고구마 같은 갤버스턴섬에서 여장을 풀었다. 여기서도 '슈퍼 8' 모텔에서 묵었다. AAA 여행자 보험 회원이라 할인을 받기 때문이다. 아침에 일어나 해안도로를 산책하니 너무 바다의 경치가 아름다웠다. 기념품점과 오래된 훌륭한 건물의 비숍궁전을 구경한 기억이 있다.

해안의 물 위에 떠 있는 '밀러'란 식당에서 점심을 먹고, 지금까지 최남단으로 내려왔으니 다시 북상하여 휴스턴을 거쳐 댈러스에 도착하였다. 존 에프 케네디의 저격 장소인 구부러진 거리를 걸으며 세 발의 총탄 자국을 만져보고, 이를 기념하는 건물에 올라가서 그 길을 내려다보기도 하였다.

다시 오클라호마를 거쳐 민둥 들이 펼쳐진 캔자스 들판을 신나게 달렸다. 이어서 인디펜던스 시에서 해리 트루먼 기념 자택과 주변 마을을 둘러보았다. 이상하게도 각종 종교단체의 교회가 여기저기 산재해 있어서 신기했다.

이렇게 하여 딸과 운전을 교대하며 아내와 함께 5박 6일(11월 23~28일) 동안 남부의 풍광을 만끽하였다. 자주 미국 여행을 하다 보니 이번에는 자동차를 몰고 싼 숙소, 미리 준비한 음식 등으로 볼거리를 찾아다니는 것도 즐거운 여행의 한몫이었다. 딸의 운전 실력이 향상되었고, 여행경비도 약 천사백 불 정도로 싸게 들었다. 쌍둥이와 함께하지 못한 것이 아쉬웠다. 많은 것을 보고 가야 견문이 넓어질 텐데.

☸ 미국에서 맺은 인연들

미국 생활은 연구보다 여행을 주로 하며, 주일에는 한인교회 모임과 미국 교회에도 예배드리러 가곤 했다. 대학을 중심으로 만들어진 에임스 반석장로교회는 김 목사님이 미국 노회의 소속으로 담임을 하고 있다. 대부분이 대학생들과 대학원생들로 구성되어 있고, 아이오와 대학교수의 몇몇 가정과 일반 교포는 서너 가정 정도다. 그리고 한국 대학에서 온 연구 또는 안식년 교수가 두세 가정 있다. 작은 교회라서 장로는 없고, 대학교수의 부인 중 안윤 안수집사가 교회의 여러 가지 궂은일을 많이 도와주었다.

그러다 보니 주일 예배 후는, 사모님이 준비하여 학생들을 위해 간단한 식사와 다과회를 열고 친목을 도모한다. 이따금 구역모임으로 야외에서 팟럭pot luck이라 하여 모이는 사람들에게 음식을 분담하여 가져와서 나누어 먹는 파티를 열었다. 그 외 연례행사로 청년수련회와 가을에 사과 따기, 음악회를 갖는다.

3월 말 어느 날이다. 그동안 반석 교회에서 몇 번 만난 S 교우 부부가 처음으로 우리를 초청했다. 교우 가정에 가기는 처음이다. 그 댁은 에임스에서 한 시간 정도 남쪽에 있는 작은 펠라Pella 시에 있었다. 집 근처에서 골프를 친 후 저녁 식사와 차담으로 하룻밤을 지냈다. 단독 이층집으로 정원이 넓고, 토네이도 등의 악천후에 피난할 수 있는 지하 공간도 꽤 넓었다.

5월이 되어, '펠라 튤립 축제(Pella tulip time Festival, 네덜란드에서 이민 온 사람들의 기념 축제)'가 열린다며(5월 8일), S 교우가 두 번째로 초청하였다. 그 축제에는 풍차 거리와 전통 옷을 입고 춤을 추기도 하며, 백파이프를 불고 행진하는 그룹, 고등학생들의 진귀한 의상 행진, 심지어 태권도 도복을 입은 사람들의 거리행진도 있었다. 그는 펠라에서 조금 떨어진 유명한 LED 전등 등을 만들고 설치하는 미국회사에서 회계사로 근무하고 있었다. 가족이 모두 화목해 보이고, 우연하게도 부모님이 부산의 우리 교회에 다니므로 더욱 친근해졌다.

김 목사님이 안식월(5월) 동안 한국에 가시어, 주일 예배의 사회를 맡았고 같은 건물을 함께 쓰는 미국 교회와의 연합예배에도 한인교회를 대표하여 대표기도를 하기도 했다. 김 목사님은 온화하고 차분한 성격이며 시간이 나면 나와 여름이고 겨울이고 우리 집에서 가까운 홈 우드 골프장에서 여러 번 함께 골프를 쳤다.

여름이 되어 처조카 정 교수가 방학인 7월 한 달간 아이오와 주립대학의 경영(유통) 전공 교수와 공동연구를 위해 가족과 함께 왔다. 조카 가족은 우리 집에 이틀 정도 머물다가 가까운 곳에 방을 구하였다. 그때, 호기심이 많은 조카의 딸(8살)이 난생처음으로 미국 와서 하룻밤을 보내고 아침에 일찍 일어나 집 밖의 토끼를 보고 너무 기뻐하며 놀라고 어쩔 줄 몰라 했다.

미국 생활에 익숙해지면서 타운 하우스에서 대형 마트에 가까운 폴라리스 5번가의 아파트로 옮겼다. 7월 말의 이사는 성도들, 교우 청년들 10여 명이 와 도와주어서 몽골리안 식사를 대접했다.

교우 중에서 자주 만난 분은 아이오와 주립대학에서 식품 분야의 교수 프로젝트 연구원으로 있는 윤집사였다. 그는 한국의 S 대학을 나와 미국에서 박사까지 하였으나 개인 교수의 연구원이라서 경제적 어려움이 있었고, 그러다 보니 가정불화도 생겨 내가 오기 전에 부인에게 불행한 사고가 있었다고 한다. 다행히 외동딸이 공부를 아주 잘 하여 동부의 브라운대학교에 장학생으로 입학하였다.

그는 부산에서 고등학교를 나왔으니 부산에서 온 나를 반갑게 대해 주었고 나보다 열 살 정도 아래였다. 거제도가 고향이라며 마산에서 고등학교를 나온 나를 잘 따랐다. 그리고 자기 출신대학의 선배이며 내 고등학교 동기인 안 교수를 소개하였고, 아이오와 주립대학의 축산식품 분야 교수로 있었다. 두세 번 대학의 골프장 (Veenker Memorial G.C.)에서 함께 했다. 이 외에도 윤 집사와 주변의 여러 골프장을 자주 다녔다. 귀국하고 몇 년이 흘러서 목사님께 안부를 물어보니, 재혼하고 딸이 있는 동부의 뉴저지주 어느 대학 연구원으로 자리를 옮겼다고 한다.

시월 말일은 '할로윈'으로 11월 1일의 '만성절萬聖節'의 전야제이다. 에임스에서는 아이들이 분장하고 등을 밝혀 가정에 다니며 선물이나 모금을 하고 있었다. 일부 국가에서는 이교도 풍습이 들어와 밤새도록 춤을 추고 시끄럽게 떠들기 때문에 골치를 앓고 있다고 한다.

에임스의 첫인상이 되살아나는 눈 내리는 십이월 첫 주, 아이오와 주립대학에서 쉰다섯 번째 연말 콘서트를 가족과 함께 참석하였다. 두 시간 정도 합창, 연주 및 크리스마스 캐롤이 나오면서 관중들도 함께 불러서 매우 인상적이었다.

기온이 영하로 떨어진 십이월 초순, 통영의 처조카 임 군이 어학연수를 온 것이다. 디모인 공항에서 만났고, 작지만 야무진 시골 총각처럼 큰 가방과 작은 가방을 몸에 두르고 기쁘고 놀란 눈빛을 하고 있었다. 디맥 대학의 닥터 황과 의논하여 어학원에서 영어공부를 하도록 도와주었다.

한국에서 두 번째 비보가 날라왔다. 첫 번째는 지난 삼월 말의 '천안함 피격 사건'으로 북한 잠수함에 의해 우리 군함이 침몰한 사건이다. 그때 불안한 환경으로 달러가 치솟아 달러로 생활하는 우리에게 일시적 어려움이 있었다.

이번에는 삼촌이 돌아가셨다는 동생의 이메일이다. 일 년 전 옆구리에 종양이 몸 전체로 퍼진 모양이다. 선한 분이었고 중학교 교사로 조기 은퇴 후, 미자립교회 목사를 하셨는데, 똑똑한 장남이 이혼하여 충격이 큰 것이 아니었는가 생각해 본다. 장례에 참석 못 하여, 숙모님께 전화를 드리고 용서를 구했다. "삼촌, 연구년 가는 조카에게 봉투를 주시고, 어디 가면 자랑도 하셨는데, 문상하지 못해 죄송합니다. 안녕히 가십시오. 걱정 없는 하늘나라에서 편히 쉬십시오."

우리를 댁으로 두 번이나 초청해주신 S 교우 부부는 12월 셋째 주일(12월 19일)에 나의 추천과 김 목사님 주례로 세례받았다. 정말 감사한 일이고 그 가정이 사는 날 동안 축복받는 삶이 이어지기를 빌어본다.

크리스마스 이브 날, 또 S 교우 부부가 자기 집으로 초청했다. 세 번째다. 이땐 조카 임 군도 함께했다. 미국의 크리스마스 이브는 몹시 추웠고 전날 밤부터 내린 눈으로 하얀 세상이 되었다. 저녁 만찬과 함께 기도회, 차담을 가지고 하룻밤을 묵었다. 정말 고마워서 지금도 눈에 선하다. 이러한 인연으로 그 부부와는 귀국하여 부산에서 여러 번 만나 친교를 가졌다.

귀국을 얼마 앞둔 12월 말, 한국 우리 교회의 최 집사(CYC) 두 딸이 같은 주의 이웃 도시 아이오와 시에 있는 아이오와대학 대학원에 다녔다. 두 시간 사십 분 정도 드라이브하여 들려서 격려해 주었다. 언니는 피아노 전공, 동생 혜은이는 딸 친구로 성악 전공이다. 다정한 친구처럼 잘 지내고 있었다.

새해가 되면서 출국하기 일주일 전에, 또 만나야 할 사람이 있었다. 한국의 우리 교회 양 집사님의 둘째 딸이 바로 옆의 일리노이주 어바나 샴페인에 있는 일리노이대학 박사과정에 다녔기 때문이다. 만나서 캠퍼스 안내와 차담을 나누었다. 대학의 풍광은 유명한 대학답게 오래된 건물과 넓은 광장이 잘 어우러져 있었다. 지금은 그 딸이 우리 교회 할렐루야 찬양대 지휘자로 섬기고 있다.

이제 귀국할 시간이 다가왔다. 매서운 날씨를 견디며 집 전화와 핸드폰, 각종 공과금을 매듭짓고, 크리스 레만 교수에게 '댕큐 카드'를 건네고, 교회의 여러 교우와 작별 인사를 나누었다. 아이들이 받던 가정교사 수업도 마무리 지었다. 시작이 있으니 끝이 있는 법이다.

귀국(1월 11일)하면서 타던 차량을 조카 임 군에게 물려주었으니 혼자 남아서 어학원과 교회를 다니게 된다. 그 차량은 귀국할 때 얼마를 받던 팔아서 교회에 헌금하도록 일러 주었다.

귀국한 후, 페이스북과 지메일로 가끔 김 목사님과 안부를 주고받았고, 30주년 기념으로 2015년 교회의 기념문집을 우편으로 받았다. 옛 추억이 되살아 나는 듯했다. 그리고 세월은 또다시 강산이 한 번 변하려는 시점인 지난해 가을 초에, 에임스 반석장로교회 김 목사님의 전화가 걸려왔다. 몇 년 전 은퇴하여 미국에 계시다가 오셨다는 것이다. 한국에 와서 우리 대학에 문의하여 내 전화번호를 알았다고 한다. 반가웠다.

바로 약속을 정하여 우리 교회 카페에서 만나 교회를 안내하고 담임 손 목사님과 인사를 나누며 식사를 접대했다. 이어서 광안대교가 보이는 카페에서 차담을 하며 그간의 이야기를 서로 나누었다. 몇 년 전에 사모님이 먼저 부산 해운대에 와서 막내아들과 같이 계신다며, 목사님도 당분간 한국에 체류한다고 한다. 지금은 우리 교회를 격주에 한 번씩 예배드리러 오신다. 서로 출판한 책을 교환하며 차담을 계속하고 있다.

대학교수의 연구년 또는 안식년은 학문적 교류와 발전을 위해 일정 기간 연속 근무 후에 해외 또는 국내의 대학에서 쉼을 얻거나 연구에 매진하는 제도이다. 나의 경우, 연구비를 받아 연구년으로 미국 대학에 적을 두고 거대한 선진국을 여기저기 다니며 산 경험을 쌓았다.

핑계 같지만, 나이가 들어서 그런지 초청한 젊은 교수의 연구모임에서 크게 얻을 것이 없어 보였고, 차라리 연구보다 안식을 취하는 것이 남은 대학 생활에 큰 활력소가 될 것으로 판단하였다. 그러나 우리 대학에서 받은 연구비에 상응한 연구보고서와 관련 논문을 제출함으로써 연구년을 마무리하였다.

일생을 살면서 여기저기 넓은 세상을 보고 견문을 넓히는 것은 어쩌면 나의 연구보다 더 값진 것인지도 모른다. 연구년 동안 초강대국의 이모저모를 보고 느끼며 한인들의 삶을 통해 자신과 조국을 돌아보게 되는 계기가 되었다. 국내외로 조그마한 어려움이 있는 한 해였지만, 나의 일생에서 두 번 다시 돌아오지 못할 화양연화花樣年華와 같은 멋지고 값진 한 해이기도 했다.

만만찮은 해외 준비금과 급여를 쓰면서 일 년이란 시간을 미국에서 가족과 함께하였으니, 자녀들의 시야를 넓히는데 조금이나마 보탬이 되었을 것이라 믿는다.

(2025.05)

☸ '아모르 파티'를 아는가?

올해 삼월 초 어느 저녁, 장가든 아들이 집으로 왔다. 저녁 식사를 하고 싶은 것이다. 그동안 혼자 집에서 먹거나 사 먹기도 하고 가끔 며느리와 같이 먹기도 했단다. 식사 도중에, "'워라밸'을 아세요?" 하면서, "아내가 일 년 기다리다 연초에 공무원으로 임용받아 좋아했는데 근무시간 외에 잔업을 많이 하니 짜증이 난다."라고 말한다. 일에만 몰두하여 시간을 쏟아붓는 직장은 싫다는 뜻이다. 그래서 계속해서 야근하는 일을 한다면 이직도 생각 중이라고 했다.

아들이 가고 나서 '워라밸'이란 단어를 검색해 보았다. '워크라이프 밸런스(work-life balance)'를 줄여 이르는 말로, 일과 개인의 삶 사이의 균형을 뜻한다. 이 말은 1970년대 후반 영국의 여성 노동 운동에서 처음 등장했다. 여성들이 직장 일과 가정의 일을 모두 감당하려면 정부와 기업에서 출산 휴가와 육아 휴직 등 모성 보호 관련 휴식 제도를 강화하고 유연한 근무 시간제를 시행해야 한다는 것이다. 지금부터 오십 년 전 선진국의 이야기이다.

세계 각국에서는 이천 년대에 들어서 일과 삶의 균형이 사회적으로 주목을 받으며 정책화되기 시작하였다. 한 조사기관에 의하면, 1988~1994년에 태어난 직장인을 '워라밸 세대'로 분류하여 주목한 것이다. 이 세대는 아날로그와 디지털 시기가 맞물려 태어난 'MZ 세대'의 중간에 해당하는 나이다. 그렇다면 우리 아들 내외가 딱 그 워라밸 세대에 해당한다.

2019년 여론 조사 결과는 워라밸 중시가 44.2%, 일 우선이 42.1%로 나타나서 워라밸 중시 개념이 일 우선을 처음으로 추월했다고 한다. 오 년이 지난 지금은 워라밸 중시율이 반은 될 것 같다.

흔히 공무원 중에서 워라밸의 끝판왕은 말단 9급에 한정되어 워라밸을 누릴 수 있다고 한다. 7급 이상부터는 워라밸을 좀처럼 찾기 힘들게 된다는 것이다. 각종 잔업 및 조기 출근에 야근까지 시달려야 되기 때문이다.

그런데 같은 공무원 말단인데 부서가 달라서인지 아들은 맡은 일만 하면 바로 퇴근할 수 있는데, 며느리는 끝판왕은커녕 조출(조기 출근), 야근을 열심히 하고 있다는 것이다. 그래서 전직을 고민하며 자기 삶을 중시하는 편안한 또 다른 직장을 혜윰하고 있는 것이다. 그런 직장이 어디에 있을지 모르겠지만.

요즘은 회사에 근무하는 직장인도 퇴사하지는 않으면서, 최소한의 업무만 처리하고 회사에 기여하려는 의지가 없는 '조용한 퇴사'를 원하는 것이다. 그런 직장인이 절반 이상(51.7%)이라고 한다. 고생해서 몇 년씩 시험 준비하여 직장을 얻었는데 왜 그런 생각을 쉽게 하는지 모르겠다.

옛날, 나의 젊은 시절의 사회 분위기를 떠올려 본다. 물론 그때는 말단 공무원을 선호하지 않았고 대학 졸업자는 주로 회사 근무를 원했다. 이유는 단 한 가지다. 직장의 노동환경이 취약하고 상명하복으로 힘들어도 임금이 높고 승진이 빠른 직장에 우선으로 취업하기를 원했기 때문이다.

승선의 경우가 그랬다. 육칠십 년대 초만 해도 선박의 근무조건이 어떤지를 따져보지도 않고 외화벌이로 육상보다 3~4배 이상 받거나, 어선은 단기간에 일확천금을 번다니까, 배가 어떻게 생겼는지도 모르고 배 타는 학교를 선호했다. 심지어 대입 원서를 지도하는 고등학교 담임 선생님도 한몫했다. 당시 우리 나라의 분위기가 그랬다. 지금 같은 시기라면 생각지도 못했을 것이다. 심지어 말단 선원들은 승선하기 위하여 웃돈을 싸 들고 선박회사를 찾아다녔다고 한다.

이천 년부터인가 정확히 모르겠지만, 우리나라가 경제적 발전과 동시에 근로자의 인권, 생명, 복지 등을 중시하게 되니, 승선 기피 현상이 수·해양 관련 고등학교 졸업자에게도 밀어닥쳤다. 심지어 중국집 짜장면 배달을 해도 승선은 하지 않겠다는 것이다. 그만큼 자신의 근무환경을 중시여기고 임금은 적게 받아도 좋으니, 어렵고 힘든 일은 피하고 자신의 삶을 편안하게 즐기고 싶은 젊은이들이 많음을 보여준 것이다.

그러고 보니, 우리 대학에서도 이천 년 이전부터 승선 기피 현상이 두드러졌다. 그 한 예가 승선학과의 입학생은 전에는 남학생으로 전부 채웠는데 이제는 여학생이 차지하는 비율이 반에 가깝다. 물론 특별한 목적을 갖고 입학하는 여학생도 있지만, 대학만 졸업하고 보자는 여학생으로 채워진 것이다. 그러다 보니 항공사의 스튜어디스로 근무하는 졸업생도 있다.

이 현상은 경제적 여유를 갖는 선진국에서 이미 나타난 현상이기도 하다. 부모세대의 가치관과 자녀세대의 그것이 거의 180도 바뀐 셈이다. 격세지감隔世之感을 느낀다.

그런데 '아모르 파티Amor Fati'란 말이 있지 않은가? 독일의 철학자 프리드리히 니체의 '운명애運命愛'이다. 어쩌면 '토포필리아Topophilia'란 말처럼 자신의 직업적 영역(장소)을 사랑하는 것일 수도 있다.

만족스럽지 않거나 힘들더라도 자신의 주어진 고난과 어려움 등에 굴복하거나 체념하지 않고, 그것을 받아들이는 적극적인 방식의 삶의 태도를 의미한다. 한 마디로 "운명을 사랑하라."는 것이다.

대학에 재직하는 동안 실습선 선장 보직을 20년 정도 하며 학생들을 지도하였다. 물론 장기간의 승선 중 바다의 태풍, 외국 항의 입출항, 학생들의 교육과 생활지도, 실습선의 운항과 관련하여 여러 가지 어려운 일들이 수없이 많았다. 생사를 넘나드는 때도 있었다.

그러나 많은 시대적 변화가 있다 하더라도 자신에게 닿은 어렵고 힘든 일을 피하지 말아야 한다. '워라밸'을 넘어서, 나처럼 주어진 삶을 보람으로 받아들이는 '시라밸(ship-life balance. 워라밸을 변용한 말로, 승선과 삶 사이의 균형)'과 같은 힘든 일에 적응하는 인내가 필요하지 않을까?

봄철에 요철 같은 등산길을 넘나들면서, 길섶의 꽃들의 아우성을 들어보아라. 산고를 치르는 그 아픔이 끝나면 이 산 저 산의 붉은 피들이 만발할 때, 지나치던 벌들이 그제야 미친 듯이 찾아오는 풍경을 상상해 보기 바란다. 꽃들도 그럴진대….

'아들아!, 자신이 짊어지고 가는 보따리를 짐짝으로 알면 무거움으로 버리게 된다. 자기 보따리를 귀하게 여겨야 오래 간직할 수 있을 것이다. 명심하여라.'

(오륙도문학 제32호, 2024.12)

☸ '줄탁동시'를 바라보며

정들었던 대학의 대연 캠퍼스에서 정년퇴직하고 가을이 시작되는 어느 날, 낯선 용당캠퍼스(구, 부산공업대학교)로 차를 몰았다. 큰 도로 입구에 세워진 학교 정문을 지나, 언덕을 오르면 우측으로 본부 건물이 보이고 톨게이트에 들어선다. 우측 화단에 오래된 듯한 큰 돌판, '啐啄同時(줄탁동시)'란 글자가 새겨져 있다. 마치 "어서 오세요."하듯 꿋꿋하게 버티고 있다.

이 돌판은, 부산공업대학이 부산수산대학교와 통합하고 십 년이 지난 2007년 스승의 날에 세운 것이다. 어미와 병아리가 서로 동시에 쫄 때 생명이 탄생하듯, '깨어나기 위하여 스승과 제자가 한마음 되다.'라고 설명한 글을 덧붙였다. 사제간의 교육과 협력을 강조하는 말이다.

비록 사제간뿐이겠는가? 돌이켜보니 나 자신도 노력하였지만, 누군가의 도움을 받아가면서 성장의 굴곡을 지나 지금에 이르렀다는 생각을 하게 된다. 적절한 때에 적절한 도움으로 조화될 때

창조가 있는 것이다. 같은 뜻으로 '줄탁동기啐啄同機'라 표현하기도 한다. 그러고 보니 어느 목욕탕에 붙은 '모두가 때가 있다.'라는 말이 떠오른다.

다시 본관 건물 앞을 지나서 로터리를 바라보면 'Dragon Valley'란 하얀 팻말과 멀리 도서관(지금은 창의관)이 보인다. 우측으로 빙 돌아서 올라가면 좌측에 운동장이 보이고, 가파른 길을 더 올라가니 옛날 토목공학과가 있던 제1공학관(현, 용당 8관)에 다다른다.

참으로 조용하고 공기가 맑아서 너무 맘에 들었다. 시끄럽던 대연캠퍼스를 떠나 이런 좋은 휴양소가 어디 있겠는가? 호흡을 크게 하고 '교수 산학연 집적지역' 3층(제1공학관 314호)에 자리를 잡았다. 교수로 재직 중 하던 연구프로젝트를 마무리하기 위하여 학교에서 배려한 연구실이다.

멀리 부산항 입구의 방파제와 작은 섬 조도가 보이고 왼편으로 멀리 오륙도가 보이며 희미하나마 대마도가 보이는 때도 있다. 부산항은 출입하는 배와 바닷물이 함께 약간의 너울을 일으키며 흘러 드나들고 있다. '배산임수背山臨水'란 말이 생각난다. 용당(龍堂, Dragon Valley)이란 이름도 좋지만, 그것보다 오히려 명당明堂이라

하는 게 좋을 듯하다. 이런 좋은 곳을 두고 교수와 학생들이 왜 대연캠퍼스로 갔을까 하는 생각을 해본다.

재직 중일 때처럼 논문은 쓰지 않아도 되고, 하던 연구프로젝트와 한 학기에 한 과목씩 3년을 강의하며 한가한 시간을 보낼 수 있으니 더욱 좋았다. 그런데 퇴직 후 일 년 반이 지난 학기부터 '코로나'가 터져서 안 하던 인터넷 강의를 하게 되어 성가신 적이 있다. 하여튼 이곳은 제2의 인생을 설계하여 새로운 일을 개척하고 운동도 하며 지내기에 그저 그만이다.

여기 와서, '코로나 19' 발생 전에 이룬 일이 여러 건 있다. 도쿄를 방문하여 사촌 누나로부터 한일 관련 백부님의 저서 14책을 기증받은 것이다. 또 마치 안 것처럼, '코로나' 유행 전에 미국 유학 간 딸이 박사학위를 마무리하여 귀국하고, 축하 가족 여행으로 후쿠오카에 다녀온 것이다.

그리고 나의 맘을 알았는지 가까이 지내던 동명이인의 시인이 권유하여 월간부산문학에 '수필 등단(2019)'을 한 것이다.

'코로나 19' 발생 중에는, 남구 문인협회 회원으로 문학도의 길을 걸으며 오륙도문학 등에 수필과 시를 발표하였고, 조선인 위안부(2022)를 번역, 출판하였다.

그 이후, 서울의 종합문예 유성에 '시 등단(2023)', 항일독립투사 박열(2025)을 출판하였다. 또한, 시니어 운동 써클 '목골당(목요일 골프모임)'에 가입하여 매주 스크린 골프를 치며 한 번씩 국내외 필드를 나가기도 한다.

또 그 옛날 초등학교 서예 대표로 군 대회에 나가 크레파스와 옥편 사전을 상으로 받은 것을 회상하며, 가까운 동사무소에서 '캘리그라피'를 배우기도 했다. 그리고 아내와 함께 동남아 여러 지역을 여행하고 최근에는 '튀르키예'를 다녀왔다.

용당캠퍼스에서의 하루는 같은 층의 명예교수님들과 점심 식사 때마다 삼삼오오 모여서 학교 식당 '한미락'에서 담소하며 식사를 한다. 식사 후는 운동장이나 주변 산책길을 대여섯 바퀴씩 걷는 운동을 해왔다. 때로는 후문의 한적한 길을 건너 '유엔평화기념관'과 '일제 강제동원 역사관'을 기웃거렸다.

그 사이 세월은 유수같이 흘렀고 용당캠퍼스는 부산의 산학연 관련 소기업들이 가득 입주하여, 이들이 주류를 이루며 많이 변하였다. 학생들은 대연 캠퍼스로 완전히 이사 갔으니 상전벽해桑田碧海가 된 것이다. 나 역시 칠 년 가까운 세월을 보내며 새 연구프로젝트도 없으니 보따리를 싸야 하는 시간이 다가왔다.

그래서 막상 연구실 짐을 싸려고 하니 가장 맘에 걸리는 것은, 대학 재직 중에 매년 틈틈히 기록해 두었던 메모장이나 일기장이다. 크고 작은 것들을 합하면 40권은 된다. 할 수 없이 그 기록들을 10년 단위로 전후하여 연도별 월별로 나누어 간단하게 정리해보았다. 여기에 논문과 보고서 등의 리스트도 첨부하였다. 태어나서 지금까지의 실로 긴 삶의 여정이었다. 이를 조그마한 책자로 만들어 '흐르는 시간 위의 발자국'이란 제목을 붙여 주었다.

때마침 집에 살던 딸도 대학 강사를 하면서 연구프로젝트를 하여 마냥 집에 거주할 수 없어 독립하기로 하고, 집 가까운 소형아파트로 이주하였다. 딸이 이주하는 날, 용당에서 보따리를 일부 싸서 딸이 있던 방으로 옮겨놓았다.

그동안 제2의 인생에 좋은 글을 심고 싶은 마음으로 "이경인생 반종필화二頃人生 半種筆花"를 외치며 공학도에서 문학도의 길을 서성거렸는데, 그 흔적을 계속 책으로 남겨야 하는데 그만 보따리를 싸게 된 것이다. 그동안 써 모은 두 얼굴의 바다란 수필집을 완성하고 출판 단계에 이르렀다. 그리고 세 번째 번역서에 들어갔지만, 모두 후일에 집에서 해야 하는 아쉬움이 남는다.

이제 용당은 '줄탁동시'를 넘어서 또 다른 줄탁동시로 변하여 산학협력업체들의 드래곤 밸리가 되었고, 제1공학관은 용당 8관으로 개명되었다. 지금껏 출근하면서 보던 '줄탁동시'란 글자를 바라보지 못할 것 같은 아쉬움을 남기며, 연구실 출입문에 붙어둔 교수명패와 벽에 걸었던 '재일한국인 평론가 김일면 연구소' 간판을 무겁게 내린다.

그리고 이 연구실에서 나와 함께 했던 '本(beginning)'이란 벽의 액자와 거기에 걸쳐놓은 '스킨답서스'의 하트모양 넝쿨을 마지막으로 바라본다. 시작하고 내리는 것도 때가 있는 것이다. 나의 네이버 블로그 「윤슬이 머문 자리」에 올린 '스킨답서스의 사랑' 마지막 한 연을 읊어 본다.

아침에 출근하여 슬쩍 곁눈질하면
'안녕!'하며
파아란 손 흔들고 너털거리며 미소 짓네
보고 싶은 그리움으로 밤을 새웠다는 표정을 지으며.

두 캠퍼스를 오가며 대학의 연구실에 출입한 사십 삼 년간, '줄탁동시'의 긴 세월은 흐르는 시간 위의 발자국으로 남아 주마등처

럼 나의 맘속 한 편에 자꾸 어른거린다. 그동안 정말로 사랑했고,
그동안 정말로 고마웠다.

(2025.07)

두 얼굴의 바다

초판 1쇄 인쇄일 2025년 10월 24일
초판 1쇄 발행일 2025년 10월 31일

지은이	김종화
펴낸이	한선희
편집/디자인	정구형 이보은 박재원 안솔비
마케팅	정찬용 정진이
영업관리	한선희 근지은
책임편집	이보은
펴낸곳	국학자료원 새미(주)
등록일	2005 03 15 제 395-3240000251002005000008호
	경기도 고양시 덕양구 권율대로 656 원흥동 클래시아 더 퍼스트
	1519, 1520호
	Tel 02)442-4623 Fax 02)6499-3082
	www.kookhak.co.kr
	kookhak2010@hanmail.net
ISBN	979-11-6797-262-0 *03810
가격	18,000원